Exquisit **modern**

Tom Vidal

Samba

Roman

Wilhelm Heyne Verlag
München

HEYNE EXQUISIT MODERN
16/414

Herausgeber: Werner Heilmann

Printed in Germany 1987
Umschlagfoto: Bildarchiv Huber/Kirby, Garmisch-Partenkirchen
Umschlaggestaltung: Atelier Ingrid Schütz, München
Satz: IBV Satz- und Datentechnik GmbH, Berlin
Druck und Bindung: Presse-Druck Augsburg

ISBN 3-453-00189-3

Vorwort

Sobald ich die Augen schließe, sehe ich sie wieder: Diese maronenbraunen Hinterbacken der Tänzerinnen, all diese riesigen, gespaltenen Papayas, die im Samba-Rausch vibrieren. Die Gesichter zeichnet unzähmbare Leidenschaft. Rassige Mädchen, wohin man schaut: tagsüber am Strand, nachts bei einer der unzähligen Samba-Shows. Damit macht die Zauberstadt Rio noch mehr süchtig als der Schnee vom Kilimandscharo. Da gibt es nur eine große Tat, die man vollbringen kann: Sie alle zu lieben. Ich tat's nach Kräften und vergaß dabei manch andere Pflichten. Aber so ist es nun mal im Heldenleben, wer von anderen Dingen spricht, macht sich was vor, oder er hält als Scheinheiliger die falsche Predigt. In Rio ist so was natürlich sträflich, denn Gott ist Brasilianer. Und entweder bist du kalt oder heiß, die Lauwarmen spuckt er aus.

Was steckt also hinter den tollkühnen Expeditionen, aufregenden Abenteuerreisen? Erstmal eine Feuerprobe im nächsten Bett. Nur wer die besteht, darf weiter in die Wildnis von Amazonas vordringen oder zum Gipfel von Machu Picchu aufsteigen – dort hausen die Götter. Deshalb wollte ich in meinem Report nicht verschweigen, was eigentlich den Reiz meines Unternehmens ausmachte: daß ich erst mal in Amors Paradies hineinsegelte und gar nicht daran dachte, mich von irgendwelchen Moralaposteln vertreiben zu lassen.

1

»Mulatta Olé, Mulatta Olá«, röhrt es.

Die Bühne wackelt im Samba-Rhythmus. Fünfundzwanzig Tänzerinnen in einer Reihe. ›Olé, Olá‹. Alles Mulattas. Ihre Haut trägt die feine Marke: Milch & Kaffee. Statt Zukker pures Dynamit.

Die runden Hintern prall wie Fußbälle rotieren. Schneller und schneller, ein Kugellager auf Hochtouren. Die Perlen an den Fransenröckchen klatschen wie Peitschen auf die muskulösen Popos. Klack, klack – wie Fingerschnalzer, denn die Hintern sind fest.

Die Brüste drohen wie Luftballons aus den engen Büstenhaltern zu platzen. Überhaupt, das sind Apparate, diese BHs do Brasil! Aus Korallenschnüren geflochten, halten sie die scharfen Dinge zusammengezäumt wie Rennpferde beim Galopp. Olé, olá.

Und während die Spannung wächst, rinnt der Schweiß durch diese geilen Feuertüten und sammelt sich im Nabel. Pikante Tröpfchen, die ähnlich wirken wie Riechsalz im Fläschchen. Sie jagen einem Flash unter die Haut.

Seit drei Monaten hänge ich hier, warte auf einen Kontaktmann. Wenn's klappt, habe ich die Story meines Lebens. Ein Überbleibsel von Alt-Nazis züchtet irgendwo im Urwald den neuen Lichtmenschen. Aktion ›Ahnenerbe‹. Die Nachfahren einer gewissen Gräfin Slavski aus Schlesien und der Sohn eines SS-Generals leiten dieses Experiment. Es soll dabei die vollkommene Rasse entstehen. Blonde Haare, blaue Augen, athletische Körper und ein Super-Hirn, das imstande ist, die ganze Welt zu regieren.

Klar, jeder hält es für ein Hirngespinst. Aber wer mal in Südamerika war, der weiß: Hier ist alles möglich.

Mit guten Kontakten läßt sich auch alles nachprüfen. Die versprach mir Mike. Ein quirliger Österreicher, verheiratet mit einer brasilianischen Botschaftertochter. Mike lebt in Rio, macht nebenbei Geschäfte mit Smaragdminen im Amazonas, verkauft Lizenzen für Goldwäscher an Touristen, führt eine Drachenfliegerschule in Ipanema und betreibt Helikopter-Service in Paraguay.

Und Mike kennt einen Indianer-Häuptling. Der wiederum kennt den Sohn der Gräfin Slavski, die sich an Experimenten mit den Lichtmenschen im Dschungel beteiligt. Unter strengster Geheimhaltung, denn die CIA interessiert sich für das Ding und die brasilianische Geheimpolizei auch. Die will das ganze Lager mitsamt Samenlabor, Zuchtmännern und weiblichen Gebärmaschinen lokalisieren, aus Angst vor Untergrundorganisationen. Die Amis dagegen glauben, mit den Lichtmenschen bestes Material für ihre Kosmonauten zu bekommen. So ein reinrassiges Arier-Pärchen auf dem Mond auszusetzen und mal zu sehen, was sich daraus ergibt. Der erste Sternmensch vielleicht. Alles Quatsch!

Jedenfalls rief mich Mike heute Abend an. Er hätte einen Haufen neue Informationen für mich. Außerdem – und das schien ihm das Wichtigste – gäbe es im ›Oba Oba‹ ein paar neue Tänzerinnen in der Truppe. Eine aufregende Nachricht, wenn man schon länger in Rio weilt und alle Shows kennt.

Jetzt sitze ich an einem Tisch unmittelbar vor dem Podium. Die schlanken Mulatta-Beine in meiner Augenhöhe. Die Show-Hochburg von ›Oba Oba‹ ist eigentlich ein ganz schlichter Laden. Alle Wände und die Decke schwarz gestrichen, leuchtet Neon-Kunst in die Finsternis: Rote Lippen, blaue Sektgläser, goldene Sterne.

An den langen, weißgedeckten Tableaus hat man die Kompanien der Touristen eingepfercht: Italiener, Amerikaner, Japaner. Die Deutschen sind hier meist auf eigene Faust und kauern in den abgewetzten Lederpolstern in Nischen versteckt. Ansonsten ist auch einheimisches Publikum recht zahlreich vertreten und sorgt für Stimmung.

Wo bleibt Mike? Nach der zweiten Cuba Libre blitzt mir

eine Idee. Ich muß über die Anatomie der Mulattas eine Doktorarbeit verfassen. Erfahrungen zur Genüge gesammelt, will ich dieses Phänomen wissenschaftlich bearbeiten. Wenn ich nur an diese teutonischen nassen Quarksäcke denke, das sollen Weiberärsche sein? Diese hängenden Schlaffis, Schollis, Schwabbelpuddings, Polster, faule Orangen, Hänger, Sahneballen, lasche Flügel...

Ich merke, wie ich allmählich in Fahrt gerate. Diese Doktorarbeit wird eines Professors für Mulattalogie würdig. Ich brauche noch eine Cuba Libre und beginne meine Gedanken auf eine Serviette (es sind weltbewegende Erfindungen schon darauf entstanden) zu notieren.

Jawohl, der Titel muß lauten: Bum-Bum – auf portugiesisch Popo. Untertitel: Bunda, bedeutet ebenfalls Hintern. Die Kapitel sind in folgende Schwerpunkte zu gliedern:

– Erstens: Körperbau. Diese Mulattahintern wachsen aus den Schenkeln wie ein Obstbaum, gehen in eine mächtige Krone über, oben mit einem Plateau, geformt wie eine Theke, ein Regal, eine Ablage, breit genug für Pokale. (Stichworte, die ich detailliert ausarbeiten muß.)

– Zweitens: Diese Anatomie erreicht die Vollkommenheit eines Apfels und die Mulatta-Haut die Ia-Qualität eines Pfirsichs. Wichtig: Die Spannkraft. Die innere Muskulatur ist von gleicher Beschaffenheit wie ein Bizeps.

Bizeps? Ich stutze bei meiner Analyse. Das muß ein Trizeps sein oder gar Quadrizeps oder Sex... Das ist wichtig. Ich notiere gleich als Fußnote 1: Anatomiebuch besorgen. Keine Zweifel, die Sache mit den Mulatta-Hintern wird ernst. Der Praxisteil muß mit ausreichender Theorie gestützt sein.

Die Praxis kenne ich. Ich könnte Vorträge halten, wie sich diese samtigen, milchkaffeebraunen Hintern anfassen, wie sie federn. Daß die Brasilianer so fußballbegabt sind, muß in den Mulatta-Ärschen wurzeln. Die aufwachsenden Söhne sehen's rund um die Uhr: Bei ihren Müttern, Schwestern, Tanten. Irgendwann muß man von soviel Bum-Bum ballaballa werden.

Man geht zum Strand und sieht überall Mulatta-Ärsche;

man steht im Haus vor dem Aufzug, was kommt – Mulatta-Ärsche.

Man geht in den Supermarkt, fährt mit dem Bus, schaltet Fernsehen ein: Überall Bum-Bum – oder Bunda di Mulatta, wie es auf portugiesisch korrekt heißt.

Und was ist mit dem Carneval? Da rastet erst richtig die ganze Nation auf die Mulatta-Ärsche aus. Ich spüre sie förmlich und auch, daß die dritte Cuba Libre angenehm stimuliert.

Wo bin ich denn stehengeblieben? Ach ja!

– Viertens: Tangas. Diese Bademode Brasiliens, die ihre Herkunft nur diesen Mulatta-Proportionen verdankt. Diese Tangas spannen sich über den Gluteus maximus (lateinisch großer Gesäßmuskel) wie ein Segel bei Sturm. Windstärke sechs...

Haha, paßt hervorragend, überkommt mich eine wohlwarme Zufriedenheit. Doch jetzt beginnt es mich zu quälen. Welche von den fünfundzwanzig Tänzerinnen sind heute neu?

Das zu erkennen ist ein echtes Problem. Die Mulattas mit ihren wunderbaren Hintern und Samba-Kostümen ähneln sich nämlich wie Ostereier. Gleichgefärbte dazu. Eins wie das andere.

Gut, die eine trägt Rasta-Zöpfchen, die andere einen Wuschelkopf, bei der dritten klebt das wattige Haar wie Schafwolle auf dem Kopf. Verzeihung, aber in Rio fallen die Hemmungen, die brave Erziehung bröckelt, und wenn einer nach drei Wochen seinen Tee immer noch mit dem Löffel umrührt statt mit dem Finger, bleibt er ein Musterknabe sein Leben lang. Den kratzt dieser Rausch der Sinne nicht, aber ich sah renommierte Strafverteidiger und Chefärzte in Rio, die sich in Cafés die Hosen auszogen oder vom siebenten Stock eines Luxushotels pißten.

Warum? Weil dieses Rio mit all seinen rassigen Mulatta-Knallern zwischen Copacabana und Ipanema eine Droge ist. Ein angesehener Professor der Rechtswissenschaften allerdings definierte mal volltrunken in einer Mulatta-Bar schlicht: »Das hier sind alles wilde Tiere.«

Ich allerdings würde so was nie behaupten. Im Moment bin ich ohnehin voll mit dem Rätsel beschäftigt, welche von diesen wunderbaren Geschöpfen auf der Bühne neu von der Partie sein könnte.

Derweil nähert sich die Samba-Show ihrem Höhepunkt.

›Bom noite‹, lärmt es aus dem Lautsprecher. ›Guten Abend‹. Das sagt man immer. Klingt gut, heizt die Stimmung an.

Auf der Bühne stöckelt eine resolute Blondine rum, die Chefin. Gardemaß 1,80 Meter, Haare streng nach hinten geknotet, im Dutt eine rote Rose. Carmen und die Bluthochzeit.

Das schwarze Spitzenkleid öffnet sich bei jedem Schritt. Der hohe Schlitz enthüllt schwarze Strapse und Strümpfe. Fast klassisch, diese Tango-Diva aus Buenos Aires. Sie nennt sich auch Evita, und ihr Schlüpfer ist ebenfalls aus schwarzer Spitze. Man sieht ihn, wenn Evita sich dreht.

Und sie dreht sich oft, weil sie gerade die Tänzerinnen vorstellt: Fáfa, Zezé, Kiki, Gigi, Bobo...

Die Mulattas tanzen im Reigen, und schon gerät man wieder durcheinander: Welche ist nun Zéze und welche Fáfa?

Gut: Die mit den Rasta-Zöpfchen ist Jacqueline, die mit der Afro-Mähne Consuela.

Aber vielleicht heißen sie doch Baby Romana oder Feja d'Amore?

Eigentlich auch egal. Meine Konzentration ist völlig im Eimer. Die Mulattas wirbeln zum Finale auf. Die Banda trommelt wie ein Haufen Teufel, das Publikum klatscht mit. Evita ruft in den tobenden Saal: »Oba?« und es schallt zurück »Oba!«

Und sie ruft: »Olé?« und es tobt zurück »Olá!«

»Obá – Obá – Olé – Olá«, skandiert der Saal.

Alles kocht. Ich fühle mich wie im Bauch des Wales. Mag sein, daß andere Konkurrenzläden in Rio mehr Glanz und Glamour bieten, aber in einem Punkt bleibt ›Oba Oba‹ unschlagbar: In punkto Mulattas.

Hier greifen sie auf eine Tradition zurück. Von diesem Podium aus begann ihr Aufstieg, ihre Weltkarriere in die Revue-Paläste von Paris bis nach New York. Mulattas als erotisches Öl der internationalen Vergnügungsbetriebe. Senhor Sargantelli war der Erfinder dieses Mischlingswunders. Zu ihm wurden die schönsten und begabtesten Töchter des Landes geschickt, um als Samba-Girls die große Karriere zu machen. Allein in Rio gibt es vierzehn Samba-Schulen, und aus der Elite von 80000 Mitgliedern wird Nachwuchs für die Nachtclubs gesucht.

Der berühmte Sargantelli hat sich inzwischen zurückgezogen. Den Laden schmeißt jetzt die energische Evita. Sie versucht krampfhaft, der legendären Evita Peron ähnlich zu sein. Doch sie wird deren Beliebtheit nie erreichen. Die Mulattas sprechen nur von ihrem Nestor Sargantelli – der auch wegen seiner ungewöhnlichen erotischen Veranlagung unvergeßlich bleibt, aber darüber später.

Das Schlagzeug donnert und die Trompeten blasen die Sterne vom Himmel. Der letzte Aufmarsch. Fünfundzwanzig Mulattas stehen in Reih und Glied und winken: ›Bom noite.‹

Ich muß mich nun entscheiden. In Rio ist es kein Problem, zum Schuß zu gelangen. Nur die Qual der Wahl, die macht einen fertig. Ich zögere noch eine Weile wie ein Spieler, der am großen Roulettetisch grübelt: Auf welche Zahl soll er setzen, bevor das ›Rien ne va plus‹ fällt?

Und so wie beim Roulette die spontane Eingebung entscheidet, so bin ich mir plötzlich sicher: ›Die vierte von links. Die ist es!‹

Der letzte Tusch. Und noch ein allerletzter. Evita verabschiedet die Gäste mit Zwischenrufen: Alitalia, Japon Airlines, Luftihansi, Aero Mexico, Pan Am. Es lebe jede Fluglinie der Welt, die Touristen nach Brasilien bringt. Ins gelobte Land.

Die Mulattas stürmen kreischend von der Bühne. Licht aus, die Show ist zu Ende. Wo bitte finde ich jetzt die Vierte von links?

Etwa dreihundert Besucher von ›Oba Oba‹ brechen auf.

Die Kellner sind mit der Rechnung samt Geld verschwunden. Der Beschiß ist im Programm inbegriffen, wer soll sich noch aufregen? Ich lege mir ein Bündel Cruzeiros zurecht, und schon verbeugt sich ein Neger: ›Obrigado‹ – Danke. Er öffnet mir die Tür zur Garderobe.

Das ist verboten. ›Kein Eintritt‹, warnt ein Schild, ›Privat‹. Aber der schwarze Bewacher steckt das Trinkgeld ein und spreizt den Daumen nach oben: ›Tudo bem‹ – das Zeichen für alles in Ordnung.

Prima, diese Landessitte, und daß alle bestechlich sind. Nur auf die richtige Summe kommt es an. Die Leute haben durchaus ihren Stolz.

Ich bin in einem schmalen Korridor gelandet. Mitten zwischen halbnackten Mulattas. Sie rennen rum wie verscheuchte Hühner. Umkleideräume links und rechts, viel zu eng für die gesamte Kompanie. Also zieht man sich überall um.

Auf dem Boden im Gang liegt ein Knäuel von Strumpfhosen, Schlüpfern, Netzstrümpfen, gespickt mit hochhackigen Schuhen, die typischen Samba-Modelle in Gold, Silber, Azurblau, Pink. Das Konstruktionsgeheimnis liegt im Absatz: Zehn bis zwölf Zentimeter hoch und dicke Plateau-Sohlen, die sich einem Triumphbogen ähnlich wölben. Oben mit Lederriemchen um die Fesseln geschlossen, verleiht dieses Schuhwerk den Tänzerinnen jene unglaublich erotischen Wackel-Bewegungen. Selbst wenn diese Samba-Treter abgeworfen am Boden liegen, wirken sie wie Granaten.

Ich presse mich in diesem Gewühl weiter durch. Der Geruch von Schweiß, billigem Lavendelparfüm, Menthol-Deodorant kitzelt die Nase. Es ist der charakteristische Revue-Duft. Die Mulattas dampfen nach der Show, und ich stoße hier auf einen feuchten Rücken, da betaste ich die Härchen einer knieenden Tänzerin. Aber nicht die. Sie hat nur ihre Perücke abgelegt, und die bauschige Naturkrause fühlt sich seltsam an. Die andere Sinnlichkeit.

Die Tänzerin lächelt mich verschämt an. Das verunsichert mich plötzlich: ›Ist es vielleicht die vierte von links?‹

Aber da schreit jemand schon: ›Proibido – Verboten!‹ Na klar, wo käme der Laden hin, wenn alle aufgegeilten Touristen die Garderobe stürmen würden? Alle sollen schön brav draußen am Ausgang warten.

Dort ist auch die Hölle los. Aber noch bin ich drin. Und es passiert. Die Augen einer Tänzerin fixieren mich. Jetzt bin ich hundertprozentig sicher: ›Die ist es, das ist die vierte von links.‹

Sie zwinkert mir zu. Ich lächle und bemühe mich um einen ähnlich starken Blick. Sie scheint verstanden zu haben, denn ihr erstes Wort lautet: »Amore?«

Es bedeutet nicht weniger als: ›Gehen wir ins Bett?‹

»Ja!«

Klingt auf brasilianisch allerdings viel schöner: ›Siiiim.‹ Lang und sinnlich, durch wollüstige Lippen gezischt. Halb Schlange, halb Unschuldsengel, ist in Rio jede Mulatta ein Star, die die Kunst der Verführung perfekt beherrscht: Schwärmen, Schmollen, Schmusen, miteinander Schlafen.

Also: ›Tudo bem‹ – alles klar, ich warte draußen und schwebe wie auf Wolken hinaus. Die Nazi-Story mit den Lichtmenschen vergessen, meinen Freund Mike auch, nur noch die Mulatta im Kopf. Aber verflucht, wie heißt sie denn?

Draußen strahlt ›Oba Oba‹ in die Nacht. Weiße Fassade im Stil einer spanischen Hazienda mit verschnörkelten Dachrinnen, breitem Treppenaufgang, rundum tropischer Vorgarten. Scheinwerfer beleuchten die Botanik. Grün, gelb, pink. Neon-Reklame und Neon-Zierleisten sorgen für den Budenzauber nachts, tagsüber sieht alles eher nach einer Bruchbude aus. Illusionen eben, das ist der Stoff, aus dem auch die Samba-Träume sind.

Jetzt um zwei Uhr nachts beginnt eine andere Science-Fiction-Show. Die Mulattas der Revue schwirren auf die Straße hinaus. 28 Grad Hitze, die Luft steht, dicker Qualm würgt, weil die Busmotoren seit Stunden laufen, wegen der Aircondition. Die Taxifahrer streiten sich um die Gäste.

Wo bleibt bloß meine Mulatta? Es lauern auch noch andere Kavaliere am Bühnenausgang. Die Straße ist voll mit

Leuten, die ›Oba Oba‹-Tänzerinnen versprengen sich in die Nacht. Eine zischt mir zu, Typ Diana Ross in knallengen Tigerhosen, ihre Freundin stiefelt in Cowboy-Boots nebenher, eine Tina Turner als Brasilverschnitt. Ich warte aber auf..., na, wie heißt sie denn, die vierte von links?

In meinem Kopf brennt's, es ist schon halb drei nachts. Allmählich verfliegt der Spuk, das allnächtliche Spektakel der ›Oba Oba‹-Sperrstunde löst sich auf. Und?

Hat sie mich versetzt? Die Lichter erlöschen langsam, die Straße stirbt aus. War das alles? Ein entnervter Italiener wirft seinen Blumenstrauß in den Abfallkorb. Ein Knabe taucht aus dem Dunkeln auf und fischt ihn gleich raus. Vielleicht kann er die Blumen nochmals in einem Frühlokal verkaufen. Das letzte Taxi fährt davon.

Da geht der Stern von Rio plötzlich auf. Die vierte von links steht vor mir, völlig außer Atem verhaspelt sie sich: »Desculpi – Entschuldigung, Agent, Manager, große Show für Italia, zwanzig schönste Mulattas von Rio, ich bin dabei...«

»Gratuliere!«

Ja, ich bin jetzt stolz auf mich: Eine Nacht mit dieser Tänzerin gehört mir. Dann erst kommt die Europa-Tournee. Wie schön.

»Vamos?« – Gehen wir?

»Vamos!« – Gehen wir!

Die Betonung macht die Musik von brasilianischem Portugiesisch. Sie klingt wie eine Mischung aus Polnisch und Italienisch mit einem Schuß singendem Bayrisch. Wir fahren los in meinem offenen Buggy, das einzig richtige Gefährt für Rio, das einem zugleich das Gefühl von Fliegen vermittelt.

So rauschen wir durch die leeren Straßen von Botafogo, berühmt durch die gleichnamige Fußballmannschaft. Ein Stadtteil mit alter Tradition, pompösen Palästen, großzügigen Gärten, prachtvollen Villen. Vorbei an der deutschen, der englischen, der französischen Botschaft. Dieses alte Botafogo zerstören aber auch graue Betonblöcke. Eine bizarre Kulisse entsteht, die im Mondschein gespenstisch wirkt.

Mein Buggy mit angerostetem Auspuff röhrt. Ich gebe Gas und brause über die rote Ampel. So fährt man in Rio nachts am sichersten. Wer Grün hat, paßt auf – wer bei Rot stehen bleibt, riskiert einen Überfall.

Ich habe es eilig. Wegen Suheli. Endlich weiß ich, wie meine Tänzerin heißt. Nur mit einem Auge auf der Straße, kann ich mich an ihr nicht satt sehen. Sie trägt ein weißes Leinenkleid mit großen roten Knöpfen, züchtig bis zum Hals geschlossen. Ohne die raffinierten Perlenkörbchen hat sie kaum was auf der Brust. Sie ist zierlich – nur auf der Bühne, mit den hohen Hacken, ähnelt sie einer Pantherkatze, zum Sprung bereit. Mit den Fingernägeln eines Tigers zupft sie an ihrem Rock, der immer wieder hochrutscht. »Wohin fahren wir denn überhaupt?« fragt Suheli leise.

»Ins Anexo« – die Traumburg für jede Carioca, wie die lebenslustigen Einwohnerinnen von Rio heißen. Anexo ist ein Apartmenthaus hinter dem Nobelhotel ›Copacabana Palace‹ mit Blick auf den teuersten Swimmingpool der Welt und auf die Avenida Atlantica. Hier verbrachten schon Könige und Millionäre heiße Liebesnächte. Der englische Thronfolger Prinz Charles stieß sich hier heimlich die Hörner ab, die Popgruppe ›Queen‹ zog eine ganze Woche lang die Fenstervorhänge nicht auseinander, bei Mick Jagger hing ein Schild ›Nicht stören‹ zwei Tage lang an der Tür, seine Hoheit Johannes Prinz von Thurn und Taxis abonniert seit zwanzig Jahren eine Suite für die Osterwochen, und ein gewisser Sir Arthur läßt sich hier von seinen Gespielinnen mit einer goldenen Schnur fesseln. Es ist eben das Mekka aller Arten der Liebe, so wie das Pariser ›Maxim's‹ der heilige Tempel aller Gourmets ist.

Das wirkt auch auf Suheli. Ich merke, wie sich beim Wort ›Anexo‹ ihre Pupillen erweitern. Sie schnurrt wie ein Schmusekätzchen: ›Muito bom‹ – sehr gut.

Ein paarmal zuckt sie leicht mit den Knien. Wie ein Virtuose, der eben die Geige unter seine Kinnlade klemmt und die Saiten zu stimmen beginnt. In mir steigt ein heißes Gefühl hoch, daß ich diese Violine sein könnte.

Die Saiten sind gespannt. Suhelis Finger fangen an, sie zu zupfen. Ihre Nägel kratzen an dem Reißverschluß meiner Hose. Geschickt macht sie ihn auf, fingert sich hinein, erst den Daumen, dann den Ringfinger, schließlich gleitet die ganze Hand unter den Gummi meines HOM-Schlüpfers.

Mir ist es zumute wie einem Stehgeiger in viel zu engem Frack. Suheli fiedelt mir ein furioses Solo. Pick, pick, pizzicato – die Zupftechnik mit dem Finger auf der Saite. Und dann packt sie plötzlich meine Violine am Hals, umschließt sie fest.

Ich trete voll auf die Bremse. Die Räder radieren quietschend eine Bremsspur, die Reifen qualmen, der Buggy schlittert und rempelt über die Bordsteinkante. Einige Zentimeter vor einer goldenen Stange bleibt er stehen. Der Baldachin von ›Anexo‹. Wir sind da.

Der Türsteher in weißer Uniform und Schildmütze ›Copacabana Palace‹ salutiert. Die Sitten müssen vornehm bleiben, selbst wenn die feinen Gäste mit den letzten Straßenschnallen aufkreuzen sollten, das befiehlt die gute alte Tradition des Hauses. Aber diesmal ist Nachsicht nicht nötig. Ich schleppe einen Super-Samba-Star von ›Oba Oba‹ mit. Der nächtens langgediente, grauhaarige Portier Alfredo mustert Suheli fachmännisch und spreizt anerkennend den Daumen: ›Tudo bem‹ – alles klar.

Auch der Liftboy strahlt. Vorher ist er mit zwei arabischen Scheichs hochgefahren, die hatten drei ordinäre Hafenhuren mit. Ist mir auch schon mal passiert, was aber nicht an meinem Geschmack lag, sondern an dieser teuflischen Caipirinha, einem Getränk aus Zuckerrohrschnaps mit Rohrzucker und zerquetschten Limonen, das nach dem dritten Glas für leichte Sehstörungen sorgt. Nach der dritten Caipirinha erscheint einem selbst der letzte Besen wie eine Schönheitskönigin. Aber diesmal, wie gesagt, habe ich die beste Wahl getroffen.

Auch der Daumen des Liftboys steht wie eine Eins: ›Tudo bem.‹ Er stopt im siebenten Stock, und unverhofft lernt Suheli einen alten Spezi von mir kennen: Sir Arthur. Der Gute leidet offenbar wieder unter Schlafstörungen, und so vertreibt er sich die Zeit. Er steht vor dem Aufzug und wartet, ob vielleicht noch Damengesellschaft aufkreuzt.

Sir Arthur steht splitternackt da und hält seinen Lebensborn in der Hand. Die Natur hat ihn fürwahr mit ungewöhnlich reicher Gabe gesegnet. Damit winkt er nun wie mit einer Bärenkeule: »Bonjour, Madame.«

Mehr Französisch kann er nicht. Suheli auch nicht. Sie kichert amüsiert: »Louco« – verrückt.

Aber niemand regt sich darüber auf. Der Liftboy salutiert. Ich wünsche Sir Arthur ›Gute Nacht‹, vielleicht hat er das Glück, irgendeine von den rausgeschmissenen Gespielinnen der Scheichs aufzugabeln.

Ich greife mir Suheli fester unter den Arm. Ein Zimmermädchen huscht gerade über den Korridor. Es lächelt und weiß sofort, was zu tun ist. Zwei frische Handtücher mehr fürs Bad zu bringen. Weich wie Suhelis Haut, flauschig wie ihr Popo und kuschelig wie ihr niedlicher Busen. Mit kleinen Brustwarzen wie Frotteeknoten.

2

Durch die offene Balkontür fächelt frische Meeresbrise. Aus dem siebenten Stock meines Apartments überblickt man die halbe Copacabana. Kurz vor vier Uhr morgens schwirren nur noch ein paar Nachtgeister auf der Straße unten. Ein Liebespärchen steht verloren vor dem Hotel, einige Nutten schlendern an der Bordsteinkante entlang. Sie lauern auf die letzten betrunkenen Touristen, die man vielleicht noch schnell ausnehmen könnte. Es sind allesamt flinke Diebinnen. Bei ihnen gibt es keine Liebe, allenfalls nur Hiebe.

Wer die Sonne über dem Zuckerhut aufgehen sehen will, muß sehr früh aufstehen. Oder noch besser: gar nicht erst zu Bett gehen. Heute nacht ist es wieder einmal so weit. Bald dürften die ersten Lichtschimmer den blauschwarzen Himmel erhellen. Also setze ich mich mit Suheli auf den Balkon.

Sanft zurückgelehnt, streichelt Suheli meine Brust. Ihre Hand gleitet geschmeidig. Ihre Haut ist angenehm kühl. Wir beobachten das Treiben unten auf der Straße. An der Ecke gibt es gleich dicke Luft. Zwei Nutten, ein eingespieltes Duo, tritt in Aktion.

Eine zeigt ihren Busen, die andere agiert als Schlepperin. Sie quatscht die Männer an: »Hey, Amigo, Sex mit uns? Schau hier, meine Freundin.«

Die andere schiebt derweil ihren Busen vor. Die Freundin ködert weiter. »Ola, faß sie an, muito gostoso...«

Es bedeutet soviel wie ›lecker‹, das Allerweltswort für alle schönen, schmackhaften Dinge. Es klingt auch schön: ›Gostoso.‹

Auch Suheli stöhnt: ›Gostoso‹. Sie genießt dabei den sanften Wind. Breitbeinig steht sie auf dem Balkon, ihr Rock flattert. Suheli hebt die Arme hoch, als wollte sie abheben. Ich lege meine Hand von hinten auf ihre nackten Schultern.

Ich streichle ihren Nacken, die Halsmuskeln sind hart, denn Suheli ist auf liniengerade Haltung und stolzes Hochtragen des Kopfes trainiert. Eine Haltung, die schon die Mütter ihren Töchtern sehr früh beibringen, damit sie bessere Chancen haben, eines Tages auch Sambatänzerin zu werden.

Die weißen Spaghetti-Träger ihres Kleids rutschen unter meinen Fingern herunter. Suheli lehnt sich an mich zurück. Ich drücke meinen Unterleib gegen ihren Popo. Als sie die Spannung fühlt, ist es für sie das Signal, mit ihrem Hinterteil zu kreisen. Langsam und einfühlsam. Samba in Zeitlupe. Das Herz klopft, und die Welt besteht nur noch aus Gefühl.

›Gostoso‹ – wunderbar. Wir wachsen in übereinstimmenden Bewegungen zu einem Paar, das eine neue Art von Tango probiert. Ich halte Suheli von hinten im Arm, knöpfe langsam ihr Kleid auf. Meine Hände gleiten über ihren Busen, über ihre endlos langen Windhundschenkel. Ihre Haut ist wie Samt und Seide und riecht nach Zimt und Nelken.

Ich drücke sie fester an mich und spüre, wie sich Suhelis Brustwarzen erhärten. Sie bückt und stützt sich mit gespreizten Händen gegen das Balkongeländer ab. Sie reibt sich mit voller Wucht an mir.

Inzwischen fanden die vollbusige Nutte mit ihrer Schlepperfreundin doch ein Opfer. »Schau, schau«, bemerkt Suheli, und es scheint auch sie besonders zu interessieren, »schau, was die zwei Piranhas machen...«

Suheli drückt dabei ihren Popo ganz fest an mich und schüttelt sich. Sie spricht von Piranhas, der doppelsinnigen Bezeichnung für Nutten.

»Sim, meu amor – da unten. Gleich werden die zwei den Freier beklauen, ich hab' schon gesehen, mit welcher Masche sie arbeiten«, sage ich.

Und schon läuft's. Der Freier scheint überredet zu sein. Er betätschelt neugierig die Brüste der Dirne, die drängt sich ihm entgegen und der Freier ist ganz benebelt von dieser animalischen Herausforderung. Sex mit den beiden... Warum nicht? Noch merkt er nicht die Falle. Die Dirne wirft sich ihm mit entblößter Brust an den Hals – im gleichen Moment greift die Freundin an.

Sie fingert nicht, sie reißt dem Freier die Taschen auf. Ritsch, ratsch krachen die Nähte, und der Inhalt purzelt auf die Straße. Plastikfeuerzeug, Zigaretten und ein paar Cruzeiros. Viel ist es nicht, was die Dirnen blitzschnell vom Boden aufsammeln. Und während der überfallene Mann hoch geschockt reaktionsunfähig dasteht, sind die Trickdiebinnen auf und davon. Nur wüste Flüche verfolgen sie. Zu spät.

Suheli wirft sich ebenfalls schlangenhaft auf mich. Sie umklammert mich und zischt: »Du bist jetzt dran.« Mit der einen Hand packt sie meinen Hosengurt, ihr Knie schiebt sich zwischen meine Beine, der Reißverschluß platzt. Suheli saugt sich mit aller Wucht an mir fest, preßt ihre Lippen auf meine, bricht mit der Zunge in meinen Mund. Tief und tiefer. Es scheint, als ob die beiden Straßenhuren in ihr wilde Gelüste geweckt hätten. Ihre Raubtier-Instinkte entfesseln sich.

Meine Hose gleitet zu Boden. Ich mache einen matten Versuch, Suheli in die Arme zu schließen: »Vamos?« – Gehen wir? Ich deute in Richtung Bett. Breit und frisch überzogen steht es einladend hinter uns.

»No«, schüttelt sich Suheli. »Nooo«, wiederholt sie lautstark.

»Onde ficam?« – Wo bleiben wir dann?

»Fica aqui« – wir bleiben hier, auf dem Balkon. Sie stöhnt dabei und hält mich fest im Griff. Die Umklammerung ihrer kleinen Hand zieht an, ihre Nägel bohren sich in mein Fleisch. Ein leichter Schmerz beschleunigt meinen Kreislauf, es kribbelt, und der nächste Zungenkuß steckt mein Hirn in Brand.

Suheli dreht mir ihren Samba-Hintern zu. Sie hebt den

Rock, ihre Oberschenkel blitzen hervor. Der Mini-Schlüpfer klemmt zwischen den Po-Backen, Suheli zieht ihn aus. Ja, schon ist die Bahn frei und Suheli atmet tief durch.

Ich rutsche immer tiefer in ihre Samba-Höhle. Es gibt keinen Halt mehr. Sambão nennt sich das Gefühl. Es ist der gleiche Reiz, der einen beim Tanzen beherrscht, der die Sinne peitscht, den Verstand raubt.

Jetzt bin ich mit Suheli ganz vereint. Sie hält sich an der Balkonbrüstung fest. Den Oberkörper fast waagrecht zum Dreieck abgewinkelt, spreizt sie die Beine gegen die Wand. Immer höher, höher. Ihr Schuhabsatz kratzt am Verputz der Balkonwand, ritzt sich ein, wie die Hacken der Bergsteiger. Suheli schwebt förmlich in der Luft. Ich halte sie breitbeinig stehend am nackten Oberkörper durch meine Spannkraft. Sie läßt den Kopf nach unten durchhängen.

»Gostoso«, stöhnt sie und steigert sich weiter: »Tesao« – Geiler.

»Louco« – verrückt.

»Delicioso« – köstlich.

Die ersten Schweißtropfen. Unser Samba-Rhythmus beschleunigt sich. Unser erotisches Ballett steht kurz vor seinem Höhepunkt.

»Ja, Suheli, ja...«

»Nooo«, verzögert sie den Moment des Glücks: »Ich will mehr!« Schier unersättlich.

Vor unseren Augen erstreckt sich der aufgewühlte Atlantik. Ich fühle mich auf einem endlosen Flug der Sonne entgegen. Sie kommt. Und ich glaube, bald einen ganzen Dschungel besiegen zu können. Den Liebeskampf mit einer Raubkatze. Zerfleischen möchte ich sie. Mit den mächtigen Flügelschlägen eines wilden Adlers. El Condor pasa. Meine innere Stimme jubelt in mir zu diesem Sieg. Und ein Vulkan explodiert, heiße Lava ergießt sich, der feuerspeiende Krater spuckt, und Suheli stöhnt:

»Gostoso...« Sie zittert am ganzen Leib. Mit dem Bein tritt sie wie eine Vollblutstute im Stall. Der spitze Absatz klöppelt am Fliesenboden einen heftigen Samba-Wirbel.

Naß durch unseren Schweiß glänzt der Boden wie nach

einem Ringkampf. Wasser! Dusche! Ich bin völlig ausgedorrt. Die Zunge klebt am Gaumen, die Knie sind weich geworden. Suheli lacht, richtet sich auf und streichelt ihren Busen: »Meine Brustwarzen«, tippt sie mit dem Finger auf die Spitzen: »Schau, wie sie jetzt wieder klitzeklein werden.«

Und zärtlich drückt sie sich fest an mich: »Ich habe dich beklaut. Ich bin nun deine Dirne. Ich hab' jetzt alles von dir.«

3

Ein Peitschenknall ins Wasser weckt mich auf. Es ist Punkt halb acht. Unten kreischt eine ganze Schulklasse von Mädchen und Buben. Was zum Teufel suchen diese Bengel am Pool des ›Copacabana Palace‹, wenn ich noch schlafen will!

Ein alter Freund hat es mir mal verraten. Jetzt fällt's mir wieder ein. Gewissermaßen ist daran der Geiz von Mrs. Quinly schuld. Diese Familie, der einst neben dem Hafen von Santos auch die meisten von Rios Stadtpalästen gehörte, verpraßte verschwenderisch fast ihr ganzes Vermögen. Doch das ›Copacabana Palace‹ blieb in ihrem Besitz, diesen Palast verteidigt die alte Dame verbissen als ihr Hauptquartier und spart natürlich, wo es nur geht. So erhielt der Bademeister statt Gehalt die Genehmigung, im hauseigenen Luxuspool die Schulkinder im Schwimmen zu unterrichten.

Montags bis freitags von halb acht bis neun Uhr kraulen die kleinen Wasserratten ihre spritzenden Runden, und der Bademeister erfreut sich einer blendenden Existenz. An seinem Recht traut die Hotelfamilie Quinly nun nicht mehr zu rütteln. Auch wenn es Beschwerden von Gästen hagelt. Gleichsam erscheint dieser Kinderlärm als Strafe für die Lotternächte. Wenn die Birne dröhnt und der Muskelkater noch im Schoß sitzt, dann tobt unten am Pool schon der Schulsport. Guten Morgen!

Suheli ist von diesem Lärm noch nicht wach geworden. Sie träumt. Ich sehe Schatten über ihre Stirn huschen und versuche ihre Gedanken zu erraten. Sie strahlt die Unbekümmertheit aus, mit der sie durch ihr Leben geht: Samba, Liebe und Sonne, schöne Kleider, mehr nicht. In ihrem Gesicht spiegeln sich keine listigen Hintergedanken. Ihre naive Seele strahlt die Unschuld eines Engels aus. Wahrscheinlich sind auch Engel zur Liebe geboren. Wenn ich Suheli so im Schlaf betrachte, glaube ich zu wissen, wie Eva im Paradies ausgesehen hat, als sie Adam verführte.

Zärtlich küsse ich Suheli. Eigentlich will ich sie noch nicht wecken. Vorsichtig ziehe ich das weiße Laken herunter, um ihren lichtbraunen Körper zu sehen.

Wie sind wir gestern überhaupt im Bett gelandet?

Also, wir haben uns auf dem Balkon geliebt, und schon elektrisiert mich wieder die Vorstellung: Die Position, in die Suheli ihren von Samba trainierten Körper brachte – wie eine Schlittschuhläuferin bei der Waage-Figur oder eine Ballerina im ›Schwanensee‹ stand sie da.

Es erregt mich. Ich könnte schon wieder. Sanft ziehe ich das Laken tiefer herunter. Suheli scheint aufzuwachen, sie schnurrt wie ein Kätzchen, dreht sich geschmeidig um, kuschelt sich zusammen und packt dabei ihren nackten Körper wieder in das Laken ein.

Den Daumen in den Mund gesteckt, lutscht sie an ihm. Baby-Sex. Ich suche mit den Beinen nach ein Schlupfloch in dieser Wickelrolle mit Suheli als Füllung. Die Begierde treibt mich voran. Ich fummele mich zur wärmsten Stelle durch...

Die Sonne strahlt bereits hoch über der Copacabana. Die Hitze von draußen treibt den Schweiß in Bächen heraus. Ich hatte vergessen, die Balkontür zu schließen und die Klimaanlage einzuschalten. Doch es ist viel schöner, sich in diesem tropischen Sumpfloch vom naßgeschwitzten Bett zu wälzen.

Ich überwinde bei Suheli den letzten kleinen Widerstand, gleite, schwebe im schwerelosen Zustand – nicht mal Fallschirmspringen ist schöner, wenn schon Vergleiche über Orgasmen gestellt werden sollen.

Suheli schläft noch. Oder sie tut wenigstens, als ob sie schlafen würde. Ihr nackter Popo zuckt, fängt wieder langsam zu kreisen an. Sambão.

Suheli hält die Augen geschlossen und lutscht immer noch leicht stöhnend an ihrem Daumen. Sie schiebt ihn im

Mund hin und her, synchron mit den Bewegungen meines Unterleibs. Ein sanfter Wahnsinn, er kitzelt die Reize, spornt meine Fantasie an.

Spürt es Suheli oder träumt sie nur davon, mit mir zu schlafen? Ich drehe sie vorsichtig auf den Rücken, aber sie rollt sich wieder zusammen, kuschelt ihren Kopf ganz tief an meinen Bauch. Jetzt lutscht sie nicht mehr an ihrem Daumen, sie umklammert mit beiden Händen meinen nackten Popo.

Von unten hallen die Kommandos des Schwimmlehrers: ›Kopf unter Wasser tauchen!‹ Suheli taucht noch tiefer. Ihre Stirne drückt sie an meine Oberschenkel. Unten folgen neue Anweisungen: ›Kopf hoch, durch den Mund einatmen – Vorsicht, kein Wasser schlucken!‹

Suheli schluckt kein Wasser. Sie ist eine gute Trockenschwimmerin, und sie scheint diese Disziplin zu lieben. Ich bin bald ganz entspannt. Hier und im Nu. Suheli ist ebenfalls an den Höhepunkt ihrer Lust gelangt und schmettert: ›Gostoso‹. Wie eine Operndiva ihr hohes C – und das bei offener Balkontür.

Ich presse meine Hand auf ihren Mund. »Psssst, sei still.« Aber in der eingetretenen Ruhe höre ich, wie es aus einem anderen offenen Fenster stöhnt. »Gostoso, siiim, tesão, amore...«

Es ist ein Stimmengewirr, als wären alle Nachtigallen noch am Zwitschern: »Oiii, amore...«

Wie aus einem Konservatorium für Liebesarien. Bei uns würde sicherlich das ganze Haus zusammenlaufen. Aus jedem ordentlichen deutschen Hotel würde man in hohem Bogen hinausfliegen, aber hier schreit man die Lust mit vollem Hals aus dem Fenster.

Ich stütze mich auf meinen Ellbogen und versuche aus der Balkontür zu erspähen, was draußen los ist. Ob sich da jemand am Pool aufregt?

Aber ich sehe nur schräg gegenüber im Apartmenthaus ›Chopin‹ eine Mulatta auf dem Sofa liegen! Ein nackter Mann kniet vor ihr. Das Fenster steht offen, und wenn ich die Ohren spitze, glaube ich sogar ihr Stöhnen zu vernehmen.

Ich will wieder in die Federn sinken, da entdecke ich noch ein Pärchen an einem Fenster. Diesmal im 11. Stock des noblen ›Chopin‹-Apartamentos. Sie steht am Fenster und er hinter ihr. Ein richtiger Rambo, beladen mit Muskelpaketen, und sie eine Ramboline, mit einem Hintern wie eine gespaltene Riesenpapaya. Den weißen Spitzen-BH hat sie schon an, die Adidas-Turnschuhe ebenfalls, aber mehr anzuziehen schaffte sie offenbar nicht mehr. Denn schon packte er sie, der King-Kong.

Wahrscheinlich haben diese Leute in Rio morgens viel reizvollere Dinge zu tun, als zur Arbeit zu gehen. Recht haben sie. Schließlich ist man morgens in bester Kondition, um seine Kräfte voll auszunützen. Morgenstund hat Gold im Mund und auch sonst noch viele versteckte Schätze.

Mir fällt ein Witz ein. Ich versuche, so gut es geht, ihn Suheli auf portugiesisch zu erzählen: »Geht eine Frau zum Arzt und fragt: ›Mein Mann wünscht sich Liebe auf französisch. Wie geht das denn?‹ «

Meint der Arzt: »Ganz einfach, sie nehmen's in den Mund und sagen dabei Honolulu. Sie werden sehen, wie es ihrem Mann gefällt.«

Abends liegt die Frau mit ihrem Mann im Bett und überlegt: ›Verdammt, wie hieß nur das Wort?‹ – Aber sie kommt nicht drauf, bis sie aus lauter Verwirrung mit vollem Mund murmelt: »Caracas...«

»Ha, ha, ha«, pruste ich los. Ich finde den Witz köstlich. Doch Suheli lacht nicht. Ich hätte ihr diesen Witz lieber nicht erzählen sollen. Denn gleich probiert sie's an mir aus: »Caracas!!!«

»Auuu«, schreie ich los, weil es nur so knirscht: »Laß mich los. Ich glaube, es ist Zeit für Frühstück!«

»Gute Idee.«

Suheli stürmt gleich unter die Dusche. Aus dem Bad gibt sie ihre Wünsche durch: »Spiegeleier mit Speck. Joghurt natur mit Honig, zwei Toast. Und viele, viele Früchte.«

»Was für Früchte?«

»Wassermelone, Papaya, Ananas, Honigmelone und Banane.«

»Und magst du lieber Kaffee oder Tee?«

Suheli läßt auf die Antwort warten. Plötzlich steckt sie den Kopf aus dem Bad und grinst schelmisch: »Ich möchte«, und sie quietscht vergnügt: »Champagner. Irrsinnig kalt. In einem Kübel voll Eis.«

Ich greife zum Telefon. Mal sehen, ob sie die Maschine für Eiswürfel schon angeworfen haben.

4

Mit dem Finger noch nicht die Wählscheibe gedreht, schellt bereits das Telefon. Manchmal weiß man sofort, wer dran ist: Das muß jetzt Mike sein. Es läutet aggressiv, und kaum strecke ich meinen Arm aus, springt mir der Hörer förmlich in die Hand.

Es ist Mike. Ganz aufgeregt schreit er in die Leitung: »Tudo bem, alles klar, Amigo, wir fliegen in den Dschungel. Die Gräfin Slavski ist bereit, uns zu empfangen.«

»Wann denn?«

»Erzähle alles später. Mach dich gleich fertig. In einer Stunde hole ich dich ab.«

»Was? So schnell...«

Mike lacht: »Gib's zu, du liegst noch mit einer Mulatta im Bett. Dann mach dich jetzt auf die Socken. Ich habe schon unsere Flüge gebucht. Nach Manaus. Ate logo – bis später, Amigo.«

Also gut. Kein Champagner-Frühstück, weder Spiegel- noch Rühreier, kein Spargel für die Potenz, nur ein Kaffee für den Geist. Was wird wohl Suheli dazu sagen? Sie trollt sich gerade lächelnd aus dem Badezimmer. Eingemummt in Frottee-Tücher, auf dem Kopf geschickt zum Turban gewickelt. Eine richtige Kuschelpuppe, und sie will wieder schmusen, aber ich muß auf Härte schalten.

»Problema«, warne ich voraus. »Mike, Amigo, rief an. Ich muß in einer Stunde weg sein. Wichtiger Auftrag, das ist der Grund, warum ich überhaupt da bin. Tut mir leid, aber ich muß jetzt...«

»No problema«, unterbricht mich Suheli. »Wenn du gehen mußt, geh' ruhig.«

»Das ist es, Amorsinho«, und es stockt auf meiner

Zunge: »Cherie, ich reise ab, ganz, ich muß sofort pakken.«

Suheli schaut mich mit großen Kulleraugen an. Auf einmal ganz traurig: »Was, du kommst nicht mehr nach Rio zurück?«

»Doch!«

Sie strahlt wieder: »Dann ist es kein Problem.«

Wunderbar, freue ich mich über diesen Abschied, kurz und schmerzlos. »Wir haben nicht mal Zeit zum Frühstück«, bemerke ich noch.

»No problema«, plappert Suheli und flattert davon. Sie ist wie ein schöner Can-Can-Vogel.

Toll. Doch zugleich nagen die ersten Zweifel an mir. Sind diese Mulattas nur ein kurzer Rausch, ein Strohfeuer, eine Sonne der Nacht, die im Bett aufgeht und sich morgens senkt? Gibt es neben dem heißen Sex wirkliche Liebe? Ich glaube, die Mulattas denken ganz anders: Sex und Liebe gut, Sex ohne Liebe auch gut, Sex und noch mehr Sex und Liebe noch besser, die Hauptsache, überhaupt ein guter Mann. Vielleicht sind sie wirklich glückliche Menschen, diese Mulattas, mit ihrer Fähigkeit, alles auf die leichte Schulter zu nehmen. Vielleicht ist aber diese emotionale Flatterhaftigkeit nur ein Schutzwall, der hilft, das Leben wie eine Samba-Party zu meistern: der sogenannte caratér brasileiro. Über diesen brasilianischen Nationalcharakter zerbrechen sich sogar Experten den Kopf. Aber das Phänomen ist nicht ganz zu erklären. Also lasse ich's auch sein. Das einzige, was man begreifen kann, ist ohnehin nur dieser feurige Hintern, the best part of mulattas! Eine falsche Einstellung, finde ich trotzdem, vielleicht sind sie, die Mulattas, die viel besseren Menschen.

Ich schalte das Radio ein. Musica. Und schon ist Suheli wieder alegri. Lustig. Die Musik wirkt wie eine Spritze. In Null Komma nichts zieht sich Suheli an und ertappt mich bei meiner Grübelei.

»Que pasa? Was ist los?«

»Nada, nichts.«

Aber in meinem Kopf gärt es. Liebt sie mich, liebe ich sie?

Werde ich Suheli je wiedersehen? Ich glaube, ich habe mich in sie verliebt. Sie hat mich verzaubert. Ich sitze noch im Bett, sie winkt mir tänzelnd zu, ein flüchtiger Kuß, und nebenbei schreibt sie mir ihre Telefonnummer auf: »Und du rufst mich auch sofort an, wenn du wieder in Rio bist?«

»Klar, sofort!«

»Tudo bem.« Suheli hoppelt aus dem Apartamento. Ich muß mich jetzt sehr beeilen. Mike dürfte jeden Augenblick da sein.

Los! Duschen, Packen, die Rezeption soll inzwischen die Rechnung vorbereiten. Ich renne völlig außer Atem runter, weil der Aufzug hängt. Die große Uhr über dem Pool zeigt erst halb zehn. Auf meinem Schweizer Präzisionswerk ist es aber schon viertel vor zehn.

Beim nächsten Zeitvergleich allerdings stimmt's wieder: Punkt zehn Minuten nach zehn holt die große Pool-Uhr die Verspätung ein. Wie es funktioniert, eine Viertelstunde Zeitunterschied in zwanzig Minuten auszugleichen, bleibt ein Rätsel der Uhren von Rio.

Wo bleibt die Rechnung? Der Portier trödelt rum. Da kommt ein Anruf für mich. Mike ist dran: »Sorry, mir ist was dazwischengekommen, aber um elf bin ich sicher im Hotel.«

»Tudo bem.«

Die Rechnung ist immer noch nicht fertig, aber sich deshalb aufzuregen, hat überhaupt keinen Sinn. Ich zwinge mich deshalb, das Treiben in der Hotelhalle seelenruhig zu beobachten. Durchaus amüsant. Schon allein die Einrichtung. Eine gewisse Verwandtschaft zum Hotel ›Orient‹ in Wien ist unverkennbar.

Dunkle Wandverkleidungen aus Mahagoni, falsches Belle Epoque der 50er Jahre, Lüster und Lampen mit Messingfassung, in den Ecken braune Ledergarnituren und riesige beleuchtete Vitrinen allerorts, beladen mit Schmuck, Edelsteine aus Brasilien.

In der ›Anexo‹-Halle geht es zu wie in einem Taubenschlag. Schichtwechsel am Vormittag. Ein untersetzter Napoletano, sicherlich Mafioso, zieht die allgemeine Aufmerksamkeit auf sich. Ein rosa Seidenhemd bis zum behaarten Nabel aufgeknöpft, an seinem Hals baumelt eine schwere Goldkette. Aber nicht er, sondern seine Begleitung, die sorgt für die Show!

Allein durch ihre lichte Höhe überragt sie alle. Gut und gerne 1,80 Meter, dazu hohe Hacken. Sie segelt majestätisch wie ein Dreimaster – im engen weißen Strickrock und einem weitausgeschnittenen Pulli aus Goldlamé, der ihren Rücken freiläßt. Ihre Haut dürfte so fein und mürbe sein wie der Kakaoboden einer Pfirsichtorte.

Erst Herzklopfen, und bald hält es meine Hose nicht aus. Der Reißverschluß droht zu platzen. Der rassige Gang dieser Mulatta wird wohl die Ursache dafür sein – teils staksig, teils schwebend wie eine Vollblutstute. Das ist es, was in Rio absolut kirre macht. Frühmorgens, mittags, abends, einfach rund um die Uhr knistert es. Erotik auf Schritt und Tritt. Ich sehe mich schon die weißgekleidete Mulatta in der Drehtür vernaschen. Aber die Prozession geht weiter.

Heiliger Bimbam. Zwei Ölscheichs schubsen eine ganze Familie hinaus. Mutter, Tante, drei kleine Schwesterlein. Was machen die bloß auf dem Zimmer. Spielen sie Blinde Kuh oder Eisenbahn?

Die Abschiedsszenen entbehren nicht einer unfreiwilligen Komik. Es geht am laufenden Band: Manchem scheint es peinlich, manche blasen sich neben ihren Schicksen wie Gockel auf. Einer vergißt nach dem langen Kuß seine Zunge wieder reinzuziehen und rennt wie Nachbars Lumpi davon.

Es gibt natürlich auch die Profis, die winken sehr direkt oder zwinkern fast unmerklich. Da löst leichte Scham den Charme ab. Ade, tausend und eine Sünde. Die Beichte unter Freunden ist fällig. Ein Bekannter stupst mich in die Rippen: »Na, gehst mit mir ins Kloster?«

»Hallöchen«, das ist doch der Rolex-Harry. Der Casanova himself, der schwäbische Zuchtbulle in Rio, blonde Haare und blaue Augen und tadellose weiße Zähne, ständig mit seinem Blendax-Lächeln zu bewundern, da stöhnen die Mulattas in Scharen: »O Baby, ich will mit dir ein genauso schönes Baby machen. Que bonito, que belo.«

Aber der Harry hat sich bereits sterilisieren lassen, damit er keine Alimente zahlen muß. Kluger Mann beugt vor. Doch jetzt jammert er: »Noch eine Woche, und ich gehe nach Katmandu, setze mich auf einen Berg und werde nur noch mit dem Kopf schütteln.«

»Aber lieber Harry, was war denn los?«

»Fernanda!«

Ach du Schande, dieser Aufzugbesen. Die Fernanda kennt man sogar in Pforzheim, weil sie ein dortiger Schmuckhändler geheiratet hat – sie ist ihm aber gleich wieder abgehauen. Die Fernanda ist nämlich nymphoman, absolut scharf, die hat nie genug. Außerdem braucht sie den Zirkus in Rio, ohne den kann sie nicht leben. Was nützen ihr in Pforzheim Porsche und Pelze, wenn sie nicht auf die Pauke hauen kann. Den Porsche, den bräuchte sie in Rio, auf Pelze kann sie verzichten. Sie liebt ohnehin behaarte Naturbrust mehr.

Und ausgerechnet auf die ist Harry reingefallen. Naja, immerhin spricht Fernanda schon ein bißchen deutsch. Aber im Gossenjargon, daß die Ohren schlackern.

»Paß auf«, schlage ich Harry vor, »wir nehmen einen Drink am Pool.«

»Schon überredet«, freut sich Harry und dreht sich gleich zur Seite. Zwei Carioca-Girls streifen an uns vorbei. Sie werfen uns flirtende Blicke zu, lächeln kokett, drehen sich mehrmals um, tuscheln miteinander. Harry aber ist völlig fertig mit den Nerven: »Laß uns bitte schnell gehen«, winselt er. »Ich kann sie wirklich nimmer sehen, diese Piranhas.«

Piranha, der Spitzname für Nutten, gierig nach Liebe und Geld. Aber das Schöne daran ist, daß Geld alleine eine Piranha nicht befriedigt. Sie will alles: Auch Sex, viel Sex. Und die Piranhas stöhnen, schreien, kratzen, beißen, geben einem tierische Namen, reden vulgär oder schnurren ›Gustozo‹. Jede hat ihr besonderes ›Programm‹, und das läuft wie das brasilianische Fernsehen vierundzwanzig Stunden ununterbrochen. Der rosarote Panther ist der beliebteste Star.

Ich hinterlasse beim Portier eine Nachricht für Mike. Kann mir schon vorstellen, warum er sich verspätet hat: »Zwischen den Beinen der Frauen denkt man eher an frische Erdbeeren mit Sahne als an Termine.«

Schleifenden Ganges begeben wir uns zum Pool. Aus der Halle führt ein weiteres Foyer in eine grüne Lobby. Nach oben gerüschte Vorhänge, Kristall-Wandleuchter, Polstergarnituren mit gold-silbernem Brokat überzogen, Stil Maria Theresia, und – ich traue meinen Augen nicht:

Eine Kuh kalbt. Auf einem zwei mal drei Meter gewaltigen Ölgemälde. Es gehört zur Ausstellung der modernen brasilianischen Malerei – und dieser Kuhhintern hängt im Mittelpunkt. Damit noch nicht genug. Das nächste Werk zeigt, wie ein Neugeborenes ratlos auf dem Boden liegt. Ach, du kalte, herzlose Welt, wer wird wohl dieses Bild gleich als Paar kaufen? Wahrscheinlich ist das Kälbchen samt seiner Mutter dazu verdammt, verwaist in irgendeinem Keller zu verstauben.

Harry, ein goldener Junggeselle, Baulöwe und Millionär, pfeift jedenfalls auf die Kunst. Er haut seine Kohle nur für lebende weibliche Cariocas raus, für Champagner und Fischplatten im ›Ristorante Grottamare‹, Ohrringe und Armbänder aus dem Hause Stern. Jetzt schüttet er mir sein Herz aus. Aber erstmal bestellen wir eine würzige Bloody Mary – mit viel Eis. Und die Pfeffermühle dazu, falls der Mix zu schwach sein sollte.

»Also, was gibt's mit Fernanda?«

Die Geschichte ist durchaus lustig. Wäre sie nicht ausgerechnet meinem Freund Harry passiert, hätte ich losgelacht. Aber Harry ist empfindlich.

Fernanda, das Luder, schwor ihm Treue, Harry glaubte schon an die große Liebe, organisierte eine grandiose Bootsparty und trommelte seine Spezis zusammen, um seine Verlobung bekanntzugeben.

Champagner, Lachs und Lobster, alles an Bord. Die Mädels in glitzernden, getigerten, mit Pailletten bestickten

Tangas legten sich gut eingeölt in die Sonne. Die Jungs gingen zu harten Drinks über und machten am Vordeck eine Skatkrunde auf. Harry hatte das beste Blatt und zockte alle ab.

Nur der Kapitän von diesem Schiff fehlte bei der Partie. Schiff ahoi! Er stand im breiten Seemannsschritt an seinem Kommandoposten, umklammerte fest das Ruder und rührte sich die ganze Zeit nicht von der Stelle. Bis Harry unglücklicherweise eine Herz-As-Karte rausrutschte. Er bückte sich unterm Tisch und wäre fast blind geworden, so blank strahlte ihn der Hintern des Kapitäns an.

Seine Hose hing runter, die Meeresbrise fächelte um seine entblößten Hüften. Denn das ovale Yachtfenster war offen. In diesem Fenster steckte der Kopf von Fernanda; ihren Mund zu einem musikalischen O gerundet, hatte sie gerade dem Kapitän gegen den Fahrtwind einen geblasen. Und zwar so heftig, wie ein pausbäckiges Engelchen nur gegen die Wolken pusten kann.

Für Fernanda brachte das allerdings schlechtes Wetter. Harry, völlig außer sich, warf Fernanda im Bikini über Bord:

»Schwimm, du Luder!« schrie er ihr im reinsten Hoch-Schwaben-Dialekt wutentbrannt nach.

Fernanda kraulte nicht lange. Bald eilten mindestens ein halbes Dutzend Jollen zur Rettung herbei. Eine regelrechte Regatta entwickelte sich in der Bucht unterm Zuckerhut, alle auf die Beute scharf.

Ein schlankes, weißes ›Cigarette‹-Boot mit bajuwarischer Rauten-Flagge und Berchtesgadener Wappen machte das Rennen und fischte Fernanda aus den Wellen. Die Besatzung dankte dann Neptun für dieses Geschenk: Fernanda hat sie alle nach Reih und Glied beglückt. Die Jungs schwärmten: »Das war schon was anderes als das Echo vom Königssee.«

Doch Harry gefällt es seitdem nicht mehr so gut in Rio. Obwohl er sich mit einer Garde von Mulattas tröstet, kann er diese Pleite mit Fernanda nicht verschmerzen. Sie läuft ihm jetzt reumütig nach und beteuert, wie leid es ihr tut:

»Harry, meu amor, nimm mich bitte zurück. Ich möchte nur noch mit dir Babys machen, alle so schön wie du.«

Und da stöckelt sie schon wieder an, Harry suchend, und er ergreift die Flucht. Ich lehne mich gemütlich in meinem Sitz zurück, um Fernandas provokative Erscheinung besser zu genießen. Kanariengelbe Schuhe auf hohen Hakken, mit schmalen Riemchen um die Fesseln, und um die Hüften einen bunten Hawaii-Rock gewickelt, der sich seitlich öffnet und die massiven Schenkel freigibt.

Den Busen schnürt eine weiße Korsage fest, und die Haare trägt Fernanda nach hinten zusammengebunden. Hinter dem dicken Knoten wedelt sie mit einer wilden Schwanzmähne über ihren nackten Schultern. Ich wette, daß beim Corcovado, dem heiligen Buckelberg, die schärfste Hure von Rio Fernanda ist.

Harry, mein Freund, ich glaube, du machst einen Fehler. So etwa vor einem Monat habe ich Fernanda auch gehabt. Da habe ich von Suheli noch nicht mal geträumt. Aber von Fernanda. Ich beobachtete sie in diversen Nachtlokalen wie einen Schmetterling, aber wann immer ich mein Netz ausspannte, flatterte sie davon. Mal mit einem Deutschen, mit einem Ami. Wählerisch war sie nie.

Irgendwann wurde diese Madame Butterfly für mich zur fixen Idee, bis sie eines Tages auch zu mir ins Hotel kam. Es war Zufall, weil sie sich in der Tür geirrt hatte.

Egal, nun saß sie in der Falle und hatte ein Köfferchen bei sich. Meine Fantasie erglühte bereits: Was wohl für Stiefel, Höschen, Strapse, ellbogenlange Handschuhe darin sein könnten. Lack oder Leder, Lastex oder Gummi...

Wir ratschten, tranken Bier und Whisky, endlich, kurz nach Mitternacht, verschwand sie im Badezimmer. Dann kam sie – und mir blieb die Spucke weg. Im altrosa Hemd aus Onkel Toms Hütte legte sie sich spontan ins Bett.

»Kein Sex...«, verkündete sie und zog die Decke bis über die Nasenspitze hoch.

»Aber Fernanda«, bettelte ich, »du bist doch die Schönste von ganz Copacabana. Laß mich zu dir!«

»Nein, heute nicht«, beharrte sie regungslos unter der Decke: »Heute ist Karfreitag. Ich bin streng katholisch.«

Dann schlug sie ihre mitgebrachte Gebetsfibel auf, der Name einer Religionssekte stand darauf: ›Missoes Redentoristas‹.

Ich fauchte sie an: »Du kannst ruhig in deiner Bibel lesen, aber zieh zumindest dieses unmögliche Nachthemd aus.«

»Geht nicht«, beteuerte Fernanda, »ich will beten und es ist nicht anständig, wenn man dabei nicht angezogen ist. Auch im Bett. Gott spricht nicht mit nackten Menschen.«

Auf einmal fragte sie mich: »Bist du auch katholisch?«

Als ich es verneinte, ahnte ich nicht, was ich mir da eingebrockt hatte. Fernanda in ihrem missionarischem Eifer wollte mich unbedingt bekehren. Ich konnte mich nur retten, indem ich anfing mit ihr zu beten: ›Deus espirito santo ...‹

Seitdem behaupte ich, daß sie ein sehr braves Mädchen ist. Die Sache mit dem Kapitän war des Teufels Werk. Ich bin sicher, sie hat es dem Pfarrer auch gebeichtet und er hat ihr zur Vergebung ihrer Sünden drei Vaterunser auferlegt.

Die spulte Fernanda in Demut vor dem Altar der Heiligen Jungfrau Maria kniend runter. Erleichtert an Leib und Seele schwebte sie dann aus der Sakristei, wo sie dem Kirchendiener zu Willen war. Schließlich will Fernanda auch mal in den Himmel kommen.

Aber erst mal ging sie wieder ins ›Copacabana Palace‹. Um den Harry zu suchen. In allen Ehren, versteht sich. Nur Harry versteht es nicht, was in Fernandas Kopf vorgeht. Ich weiß es: Sie betet manchmal zu Gott nicht nur ums tägliche Brot, sondern auch um einen Mann mit blonden Haaren und blauen Augen, damit ihre Kinder von heller Hautfarbe sind. Und eines sagt Fernanda besonders entschlossen: »Meine Tochter darf tun und lassen was sie will – aber sie darf niemals ins ANEX, ins Copacabana Palace gehen. Meine Tochter wird keine Hure sein, sie wird an der UNI studieren.

Eine winkende Person, von der anderen Seite des Pools herbeieilend, macht auf sich aufmerksam. Mike. Na endlich. Aber wie sieht er denn aus: Dunkelblaue Seidenhose, hellblaues Yves-Saint-Laurent-Hemd und weiße Slipper. Fährt man etwa so in den Amazonas-Dschungel?

»Ich weiß, aber ich hatte keine Zeit zum Umziehen. Die letzte Nacht, das war der helle Wahnsinn. Zwei neue Tänzerinnen...«, entschuldigte sich Mike.

»Oba Oba?«

»Nein, Scala« – die andere Samba-Show-Hochburg.

Endlich brechen wir endgültig auf. Aber es ist gar nicht so einfach, an all unseren Rio-Freunden vorbeizukommen, die schon mittags feiern. Der Korken knallt und der Schampus spritzt. Und da marschieren sie auf: Die Bikini-Mädchen und ein schon mittags beschwipster Multi aus der Schwyz. Man hört ihn mit Echo schmettern: »Ola, die Nacht ist nicht allein zum Schlafen da.«

Eine Lady in Blau mit breitkrempigem Hut steht an der Terrasse. Unter ihrem blauen Crèpe-de-Chine-Kleid schimmern blaue Strümpfe und blaue Strapse durch. Auf blauen Pumps balanciert sie wie eine Seilakrobatin und hält Ausschau – bis sich ein Mann in weißer Generalsuniform vom Tisch erhebt und auf sie zusteuert. Das fällt auf, und noch mehr, wie sie zusammen in Richtung ›Camarote‹ verschwinden. Zu den Umkleidekabinen.

Bald tauchen sie wieder auf. Zuerst der General und dann die Lady blue. Sie fällt jetzt noch mehr auf als vorher: Sie ist ganz zerzaust. Ein riesiger Sturm muß über sie hinweggefegt sein – ihre blonden Haare sind losgelöst, der Hut schief, das Kleid zerknittert und verrutscht. Jeder schaut hin: auf die Laufmaschen an ihren blauen Strümpfen.

Der General aber stolziert wie ein Pfau davon. Wo bleibt der Beifall, geschätztes Publikum am Pool?

Wir nehmen mit Mike noch hier einen Drink, dort ein Glas Schampus und werden bei Mona Lisa und Ronda fast wieder schwach. Die zwei am Tisch eines Kölschen Gebrauchtwagenhändlers duften verführerisch nach dem exclusiven Parfüm ›Mystery Rochas‹. Sie wechseln ihre hautengen Jeans in ein scharfes Nichts von einem Badeanzug.

Nur Schnürchen mit kleinen Signalflächen. So klein, daß man sie höchstens noch auf ein Schiffsmodell als Segel setzen könnte.

Und die Damen sind auch noch fein säuberlich rasiert, was man genau sieht, im Schritt nur durch ein dünnes Garn verhüllt.

Wir nehmen mit Mike zum Abschied noch ein Bad im Meer und ertrinken fast dabei. Denn aus den Fluten steigt eine Venus und ölt sich am Strand ein – wir rutschen mit unseren Stielaugen aus: Fáfa heißt sie. Aus ihrem Tanga rieselt der feinste Copacabana-Sand. Oh, alle Voodoo-Zauberer, steht uns bei, damit wir noch den Flieger am Abend schaffen.

Und irgendeiner von den guten Geistern Angolas hat tatsächlich unser Gebet erhört und uns rechtzeitig aus Fáfas magischem Bann befreit...

5

Die Maschine der Transbrasil erhebt sich in die Lüfte. Unter uns liegt Rio, eingebettet zwischen lauter Zuckerhüten und Buckelbergen. Die Bucht der Guanabara, die größte Kloake dieser Zauberstadt, versinkt in der dunstigen Dämmerstunde. Die ersten Lichter flackern auf. Am Corcovado verwandeln die gleißenden Scheinwerfer den grauen Beton der Christus-Statue in pures Gold. Den Heiligenschein dazu bilden die um seinen Kopf drapierten Wolken von orangegelb über blutrot bis violett strahlend. Und irgendwo unten in dieser Hölle glimmt auch schon das rote Neonlicht von ›Barbarella‹.

Bald beginnt hier die Nachtschicht, und sie kullern wieder die Treppe herab: Die Garde der Miezen, süchtig nach Liebe und Moneten.

Lucia wird sicherlich als erste kommen: Mit ihren Stöckelschuhen Made in France und in enger Korsage, die ihr Bäuchlein zusammenpreßt.

Raquel wird wieder in Glockenrock und Chiffonbluse, ihrem Chefsekretärinnen-Look erscheinen.

Luana dürfte die neuesten Fetzen aus der ›Fiorucci‹-Boutique tragen, und Rudimari mit dem strengen Haarknoten wird sich in ihren aufgedonnerten Kleidern der Alta moda italiana den Touristen auf den Schoß setzen.

Auf dem Podium werden sie wie jeden Abend in einer langen Reihe tanzen: Cintia mit Afro-Zöpfchen und einem schmalen Busen-Ausschnitt bis zum Nabel, neben ihr Sulma, die schon in einem deutschen Porno-Film mitgespielt hat. Maira ist gerade aus Berlin zurückgekehrt, drei Monate hat sie dort im Nobelclub ›bel ami‹ angeschafft und super Klamotten gekauft. Maira hat Klasse und eine makellose Figur, sie liebt enge Fummel, so eng, daß man gleich merkt: darunter hat sie nichts an. Ihr Busen schwebt frei, und die wollüstigen Lippen drohen einen aufzusaugen: Maira ist eine typische Piranha, ein Profi, was übrigens viele Brasilianerinnen werden, nachdem sie mal in europäischen Etablissements ›arbeiteten‹. Dort lernen sie ihren wahren Wert und Preis kennen und auch die Tricks, wie man die Freier bescheißt. Sie kapieren es schnell, daß man mit ›abfertigen‹ noch mehr verdienen kann, sie kobern und schummeln und lernen schnell auch paar Brocken Deutsch, zurück in Rio spezialisieren sie sich auf Germanen.

Sandra dagegen, vielleicht die beste Tänzerin der ganzen ›Barbarella‹-Truppe, hat ein ausgeprägtes Nationalgefühl. Den Stolz einer Carioca, die aus Prinzip keine Profi-Hure werden will. Ihr macht es wirklich Spaß, und sie steht darauf, in den Luxushotels der Copacabana zu duschen und zu frühstücken. Da feilscht sie auch nicht um den Preis, wenn sie eine gute Hoteladresse hört. Sandra hat von mir den Spitznamen ›Balet national‹ bekommen, wegen ihren Mini-Röckchen, die knapp eine Handbreit unter der Popofalte enden. Auf der Bühne dreht sie sich meist mit dem Rücken zu den Gästen und läßt ihren Hintern wie einen Schmetterling flattern. Dabei blitzt ihr Schnurband-Höschen hervor. Die Sandra mit ihren schlanken Windhund-Beinen, die törnt an.

Auch Fernanda könnte wieder heute abend im ›Barbarella‹ sein. Wegen einer Schlägerei bekam sie mal Hausverbot, aber inzwischen dürfte die ganze Sache vergessen sein. Fernanda schlitzte mal in Wut der Lexi das Ohrläppchen mit einem Glas auf, weil die mit ihrem Stammgast poussierte. Da werden sie alle furchtbar eifersüchtig. Dem Mann selbst kann nicht viel passieren, aber die Weiber gehen auch mal mit dem Messer aufeinander los. Sie wissen ja, was kann schon ein Mann dafür, wenn ihn eine heiße Braut anmacht. Der Mann ist eben der König, für den man kämpfen muß.

Die Szene mit den tanzenden Girls im ›Barbarella‹ hat sich in meinem Gedächtnis fotografisch eingeprägt: Ich brauche nicht mal die Augen zu schließen und weiß, daß Carmen immer einen schwarzen BH trägt und daß Sonja sich die Schamhaare herzförmig zurechtschnippelt.

Eigentlich ist dieses ›Barbarella‹ allein schon eine Reise nach Rio wert. Eine Sehenswürdigkeit wie die Spanische Treppe in Rom oder der Arc de Triomphe in Paris. Nur viel aufregender. Wir fliegen aber jetzt nach Manaus.

Mike blättert neben mir im ›Journal do Brasil‹. Auch er ist völlig geschafft. Die letzten 48 Stunden, das war zuviel.

»Sollte diese Maschine nach Manaus abstürzen, kann uns niemand nachsagen, wir hätten nicht gelebt«, gähnt Mike. Nach einer Pause schmatzt er: »Weißt du, was heute auf der Copacabana los ist?«

»Ich habe auch gerade ans ›Barbarella‹ gedacht.«

Mike schiebt mir die Zeitung rüber. Eine Schlagzeile verkündet: ›Sao Paulo: 300 Frauen aus einer Strafanstalt ausgebrochen. Es handelt sich meist um Jugendliche, Diebinnen, Prostituierte, Rauschgiftsüchtige.‹

»Ich wette«, kommentierte Mike, »mindestens die Hälfte landet auf der Copacabana und versucht Touristen zu beklauen. Weißt du, was jetzt im ›MAB's‹ rumläuft, oder im ›Meia Pataca‹ oder vor dem ›Café Pigalle‹...?‹

Das sind die drei berühmt-berüchtigten Straßencafés an der Copacabana, wo jederzeit großer Auftrieb von Garotas, also Mädchen jeder Güteklasse herrscht. Von schmuddeligen Slum-Kindern bis zu schicken Striptease-Tänzerinnen, feschen Sekretärinnen und ordinären Suppenhühnern sind alle für Sexspiele ohne Grenzen jederzeit bereit.

Das ›MAB's‹ an der Ecke gegenüber dem Luxushotel ›Meridian‹ ähnelt einem exotischen Zoo. Hier treiben sich Favelanas rum, die grell geschminkten Girls aus den Slums. Auf der Suche nach Alemãos, Amis, Tommies, Skandinaviern, Italienern. Zwischen den roten Plastikstühlen und Tischen schwirren sie herum, in unglaublich kurzen Mini-Röckchen und luftigen T-Shirts, aus denen bei jeder Umdrehung die Brüste rauszupurzeln drohen.

Im Gewühl lauern schräge Dealer und lärmen lästige Souvenirhändler. Einer bietet brasilianische Fähnchen an, der andere versucht Fußballadressen an den Mann zu bringen. Der eine schreit Flamenco, der andere Botafogo. Der nächste läßt geröstete Nüsse am Tisch liegen, der übernächste sammelt sie wieder auf, schließlich drängt sich einer mit Rosen auf.

Und dann zischt es, als würde eine Klapperschlange im Busch lauern ›Psssuiit‹ – ein einmaliges Geräusch, das man von sich gibt, will man auf sich aufmerksam machen. Ein Zischlaut, den man nur nach langem Aufenthalt in Brasilien perfekt erlernen kann, ein Zischlaut, der allen brasilianischen Klassen gemeinsam ist und genauso salonfähig im Nobelrestaurant wie im ›MAB's‹ ist.

Im ›Meia Pataca‹ läuft die gleiche Chose, nur auf etwas gehobenerem Niveau. In diesem Straßencafé neben dem ›Othon Palace‹ verkehren auch die Luxus-Call-Girls, auf Sprung zwischen zwei Terminen. Mal in hautengen Jeans, mal im offenherzigen Flamenco-Kostüm, mit Spitzen-BHs und in durchsichtigen Röcken. Mehr Rasse, mehr Klasse, und so wird's teurer auf diesem Dollar-Strich.

Aber für die nächsten Tage dürfte die Standesordnung durcheinandergeraten, wenn ein paar Dutzend von den Ausbrecherinnen hier aufkreuzen. Einige werden wahrscheinlich in frischüberzogenen Betten von First-Class-Hotels schlummern. Vielleicht landen sie sogar beim Multi aus Liechtenstein. Sie werden mit ihm in einer Badewanne sitzen, vielleicht zum erstenmal in ihrem Leben überhaupt, und, was natürlich noch viel delikater ist, sie werden Sir Arthur verhauen dürfen, weil der auf solche Extras steht. Ein Traum schlechthin: Eine brasilianische Knastlerin prügelt deutschen Millionär und bekommt dafür einen goldenen Ring geschenkt. Das ist der Gipfel schlechthin.

»Diese Invasion von Gaunerinnen aus São Paulo wird sicherlich auch einige von unseren Freunden erwischen«, ist Mike überzeugt. Er faltet die Zeitung. Unser Gespräch dreht sich um einige unserer Bekannten, die wir in Rio trafen. Schon eine besondere Spezies von Menschen, die sich in Rio austoben, als wären es die letzten Tage von Pompeji.

Sir Arthur zum Beispiel: Zehn Tage aus dem Hotel ›Copacabana Palace‹ nicht rausgekommen. Nachts immer auf gleicher Achse gewesen: ›Barman Club‹, ›Barbarella‹ und bei Morgengrauen im ›Holiday‹, dort gelegentlich den Sonnenaufgang erwischt. Davon schwärmt er, denn dieser Nachtclub befindet sich in herrlicher Lage. Erster Stock, direkt über dem Boulevard Atlantica. Dahinter der Strand mit hereinbrechenden, schäumenden Wellen des Ozeans, Schiffe am Horizont.

Vor diesem Panorama pflegt sich Sir Arthur seinen letzten Bacardi-Cola zu bestellen. Am Tisch sitzen derweil die ausgesuchten Beauties der Nacht, die im ›Holiday‹ auf Touristen warten, ihnen erst Gesellschaft leisten und dann unverblümt ihre Liebesdienste anbieten. Zu lächerlichen Preisen, für Sir Arthur jedenfalls kaum der Rede wert.

Meist nahm er Mädchen aus der Show: Ein ganzes Nachwuchsballett mit weißen Strapsen, die auf bronzener Haut sehr apart schimmern. Die weißen Strümpfe aus glänzendem Garn reflektieren glitzernd im Scheinwerferlicht. Da thront also Sir Arthur inmitten seines Hofes als neues Märchen von Rio: Der Sex-König und seine sieben Schneewittchen.

Anfangs führte er pingelig ein Tagebuch mit genauen Angaben: Name, Sternzeichen, Adresse, Telefon, klebte ein Polaroid-Foto hinzu und notierte buchhalterisch korrekt den Preis. Marcia – 100 $, Edi – 100 $, Antonia – 100 $.

In gewisser Hinsicht ist nämlich Sir Arthur sehr geizig. Aber in Rio kam er ordentlich ins Taumeln. Zum Schluß führte er auch kein Buch mehr sondern kritzelte nur fahrig hin: Drei Mädchen – 300 Dollar.

Auch seine Polaroids für das Familienalbum wurden immer ordinärer und obszöner... Anfangs knipste er die ganze Figur, später nur gewisse Körperteile. Busen oder Hintern – ganz zum Schluß nur noch Details. Abartige Großaufnahmen, meist im Dunkeln geblitzt. War das Modell zu dunkelhäutig, ergaben sich nur Lichtflecken mit undefinierbaren Umrissen. Nur Sir Arthur allein wußte: Das gehört zu Luisa, das zu Maira...

Bei nächster Gelegenheit schwärmte er von Elisabeth, einer weißen Bahiana, was eigentlich eine fehlprogrammierte Mischung darstellt. Denn Bahianas müssen normalerweise getönt sein. Lichtbraun. Elisabeth trug die edle Blässe einer Engländerin, vielleicht faszinierte Sir Arthur nach der vielen farbigen Haut diese Abwechslung. Daß Elisabeth eine Säuferin war, stellte sich am nächsten Tag nach dem Kennenlernen heraus. Am Abend noch feierte Sir Arthur seine Verlobung mit Elisabeth in der ›Copa Bar‹.

Elisabeth sollte nun die Auserwählte sein, die Sir Arthur nach Deutschland begleitete. Als Jagdtrophäe sozusagen, der Talisman aus Rio. Es wurde kräftig gefeiert, später auf dem Zimmer weiter gesoffen, zum Frühstück kippte Elisabeth noch alle Whisky- und Champagner-Reste zusammen, flog über den Tisch und schimpfte fürchterlich: ›Scheißdeutschland.‹

Sir Arthur verstand die Welt nicht mehr. Gestern noch eine Schmusekatze, in deren Schoß er die halbe Nacht schlief. Sir Arthur, das Riesenbaby mit der haarigen Brust eines Yeti, des Schneemenschen, träumte von ewigem Sommer: Er stand auf seiner Yacht am Mast, an dem Elisabeth hochkletterte, und das schönste an diesem Traum war, daß es gar nicht der Mast, sondern ein lieblicher Teil von Sir Arthur war.

Um so schlimmer die Bescherung am nächsten Morgen: Elisabeth lag am Boden, fluchte wie eine Furie auf alles, grabschte nach Sir Arthurs Mast, fand nichts dergleichen, an dem sie sich hätte festhalten können, und beschimpfte ihn böse:

»Du Schlappschwanz!«

Worauf sie Sir Arthur beleidigt durch die Hotel-Securitys aus dem Zimmer entfernen ließ.

Tausend und eine Geschichten aus Rio, die Mike zur berechtigten Frage bewegten: »Glaubst du, daß es im Leben auch noch andere Dinge gibt als Weiber, Fressen und Saufen?«

»Tja, die Mönche in Tibet denken darüber nach«, meinte ich.

Damit schien unsere Unterhaltung vorerst beendet, bis

Mike seinen Finger leicht hob und in Richtung Flugzeuggang deutete:

»Ist dir auch schon aufgefallen?«

»Wer?«

»Na, die Stewardeß.«

Nein, nicht schon wieder. Diese Stewardeß hat zwar wirklich wunderschöne Beine. Immer wenn sie vorbeikommt höre ich ein feines Knistern: Von den Strümpfen, die sich aneinander reiben. Es muß kribbelnd eng sein zwischen ihren Schenkeln. Da muß die Hand wie in einen allerfeinsten Seidenhandschuh reingleiten.

Also gut, ich bestelle noch einen Gin-Tonic, nur um diesem geheimnisvollen Rauschen zu lauschen. Sie bringt lächelnd meinen Drink, beugt sich über mich und fragt: »Darf ich ihnen sonst noch was geben?«

Denise heißt sie, es steht auf ihrem Messingschildchen, das sich alle Stewardessen an die Brust heften. Denise dürfte eine Manuvaresi sein. Und ich habe richtig getippt. Sie stammt tatsächlich aus Manaus.

»Woran erkennt man das so genau?«

Nun, ich habe ein ähnliches Mädchen im ›Barbarella‹ kennengelernt. Dort trieb ich ausreichend intensive Rassenkunde und kannte mich bereits in der Typologie ziemlich gut aus. Die Manuvaresis sind meist zierlich, mit stechend-dunklen Augen wie Edelsteine. Ihre Haut ist fein bronze-bräunlich getönt, nicht jene Kakao-Schattierung der Bahianas, sondern die schimmernde Braunskala der Edelhölzer, auf lateinisch: Pão do brasil.

Denise dürfte etwa 22 Jahre alt sein; 1,70 groß, die Haare kurz, erinnerte ihre niedliche Stupsnase zwischen den funkelnden Augen an ein Plüschtierchen. Unglaublich, was für schöne Menschen die freie Natur produziert. Und besonders im Amazonas-Gebiet gibt es da viel zu entdecken.

Kein Vergleich mit den Südsee-Schönheiten, mit denen uns Paul Gauguin kirre machte. Er hätte nach Manaus kommen und solche Mädchen wie Denise malen sollen. Allein ihre Schminke ergibt ein wunderschönes Bild: Auf samtbraunem Hintergrund leuchten blaue Lidschatten, die Augenbrauen sind dunkelblau betont und auf den Bäckchen glänzt rotes Rouge.

Daß Denise eine graziöse, astrein geformte Figur hat, merkt man trotz ihrer Stewardeß-Konfektion. Der Rock zu weit, Bluse und Weste maskulin plump. Aber die Beine der Denise sind ein Traum. Das reicht, um für den Rest des Fluges an nichts anderes zu denken.

Aber verflixt nochmal. Fliegen wir etwa nach Manaus nur wegen der Beine von Denise? Mike gerät ins Schwärmen: »Warte ab, es ist erst der Anfang. Während in Rio sechs Frauen auf einen Mann kommen, sind es in São Paulo zehn und in Manaus gar vierzehn. Weißt du, was das bedeutet?«

»Offenbar kommt man sich in Manaus wie in einem Käfig voller Raubtiere vor.«

Mike schildert die Lage: »Ich habe einen englischen Millionär gekannt, der beschloß mit Sechzig, sein gesamtes Vermögen zu verprassen. Er war zwei Jahre in Rio und hat es nicht geschafft, der war in Bahia, in Recife, in São Paulo, kehrte immer wieder nach Rio zurück, und weißt du, wo er schließlich hängengeblieben ist?«

»In Manaus.«

»Richtig. In Manaus fand er das absolute Paradies. Manaus hat ihn so verhext, daß er nie mehr zurückkam. Er behauptete, Rio ist für Anfänger, Manaus für Fortgeschrittene.«

Während Mike so flammend berichtet, rauscht Denise mehrmals vorbei. Dieses feine Sägeknistern der sich reibenden Seidenstrümpfe dringt unter die Haut. Das Mysterium von Denises Schenkeln reizt, und auf einmal weiß ich, was Denise so magisch anziehend macht: Eine Kindfrau voll triebhafter Aggression ist sie. Sie schreitet nicht im Flugzeuggang, sie tigert auf und ab, und das Geräusch, das sie verursacht, erinnert an unheimliches Knistern im Urwald. Man muß freilich schon Experte sein, um solche Feinheiten zu registrieren.

6

Manaus bei Nacht. Die Maschine zieht eine Schleife über der leuchtenden Stadt. Regenwolken hängen wie zerfetzte Watte über den Dächern. Heftige Wasserschübe peitschen den Flugzeugrumpf. Es knarrt in allen Nieten, und der große Airbus wird wie eine Streichholzschachtel geschüttelt. Die Anschnallzeichen leuchten, und sogar das Flugpersonal kauert etwas blaß auf seinen Sitzen. Wo ist Denise? Ich sehe sie nirgends, und Mike ist auch verschwunden.

Plötzlich dröhnen die Triebwerke, die Lichter in den ovalen Fenstern sacken ab, die Maschine taumelt, kippt und liegt in einer Schräglage wie eine Schaukelgondel. In steilem Kurs ziehen wir wieder hoch.

Durchgestartet. Entfesselt wütet der Regen gegen die Fenster, die jeden Augenblick zu bersten drohen. Der Kapitän meldet: »Wegen Gewitter können wir vorläufig nicht landen. Wir werden es in etwa zehn Minuten wieder versuchen; falls es nicht gelingt, müssen wir nach Belém ausweichen. Bitte bleiben sie angeschnallt sitzen. Es besteht keine Gefahr für das Flugzeug.«

Einige Passagiere fangen laut zu beten an: ›Nosa Senhora Maria que estai no ceu santo...‹

Auch mein Puls hat sich bei diesem Flugmanöver beschleunigt. Die Maschine war bereits so weit runtergegangen, daß man die Signallichter deutlich sehen konnte. Zur Beruhigung blättere ich jetzt in meinem ledernen Notizbuch. Stichwort Akakor. Es ist die Chronik des ältesten Volkes der Welt.

Aufgestöbert hat sie der ehemalige ARD-Korrespondent K., der später unter ungeklärten Umständen auf offener Straße in Rio erschossen wurde; nachts auf dem Heimweg von dem Restaurant ›Barril 1800‹ zu seiner Wohnung im Luxusviertel Ipanema. Die Polizei behauptete, ein Rauschgiftsüchtiger wäre der Täter, bei einem Überfall, quasi aus Notwehr, habe er geschossen, weil er glaubte, der Journalist sei bewaffnet.

Meine Nachforschungen ergaben jedoch, daß ein Zusammenhang zu den Neonazis existierte. Der Journalist K. beabsichtigte, neugewonnene Tatsachen und Dokumente zu veröffentlichen. Darunter die unglaubliche Behauptung, im oberen Amazonasgebiet würden Nachfahren von rund 2000 deutschen Soldaten leben, die dorthin während des Zweiten Weltkrieges auf Führers geheime Anordnung gesandt worden waren. Es gäbe dort bis heute SS-Dörfer, und dafür sollten Beweise vorgelegen haben. Angeblich hätte das alles mit geheimen Plänen, Brasilien zu erobern, zusammengehangen.

Dieses historische Kapitel blieb bisher ziemlich im dunkeln. Deshalb mußte auch der Journalist K. zum Schweigen gebracht werden, das bestätigte mir ein Colonel des brasilianischen Geheimdienstes, der sich ebenfalls mit dieser Materie befaßte.

Ich selbst hatte einige feste Anhaltspunkte, die die Recherchen des Kollegen K. stützten. Im Sommer hatte ich auf Ibiza eine interessante Begegnung mit einem Abenteurer mit dem Spitznamen NAZI-Peter gehabt. Er war der Prototyp eines Bilderbuch-Germanen. Arische Rasse in reinster Form, unglaublich blond, mit noch unglaublicheren stahlblauen Augen, mit unheimlich schönen, regelmäßigen Gesichtszügen. Die Verkörperung von Siegfried.

Im Jahre 1941 in Berlin geboren, wurde er nach eigenem Bekunden auf Befehl von Adolf Hitler gezeugt.

Er gehörte zur Aktion ›Lebensborn‹. Damit wollte Hitler seine utopischen Pläne von einem ›auserwählten Volk‹ verwirklichen. Er ließ à la Frankenstein Idealpaare zusammenstellen, um den Idealmenschen mit hohem IQ und vollkommener Schönheit zu züchten. So sollen angeblich in einem genetischen Institut, unter direkter Aufsicht des Führers, ein SS-General und eine schlesische Gräfin zur Paarung beordert worden sein, die edle Schönheit der Gräfin und die geistige Kapazität des Militäroffiziers sollte sich auf den Nachwuchs vererben.

Den Namen seines Vaters hat ›NAZI-Peter‹ nie erfahren, nur von seiner Mutter, der Gräfin Slavski, führte eine Spur nach Brasilien, in die Urwälder des Amazonas. Dort sollte es noch einen jüngeren Bruder geben: Etwa im Alter von 40 Jahren.

Auch über die Hintergründe konnte NAZI-Peter einiges aussagen. Vor allem, daß Hitlers mystische Weltanschauung bisher viel zu wenig Beachtung gefunden habe. Denn Hitlers Expansionspläne erstreckten sich nicht nur auf die Weltherrschaft, sie schlossen sogar das Universum ein. Sein Hang zum Okkultismus hatte sein Interesse in Richtung Amazonien geradezu herausgefordert. Denn hier versteckt lebt auch ein ausgewähltes ›Volk Gottes‹ mit erstaunlichen Informationen über die Zukunft, gar Prophezeiungen über den Weltuntergang.

Es sind die Ugha Mongulala, ein Indianerstamm aus der Gegend von Akakor, tief im amazonischen Urwald, nahe der peruanischen Grenze. Dort hoffte NAZI-Peter seine Mutter und seinen Bruder zu finden und war bereit, mir einen Teil der Kosten zu finanzieren, falls ich handfeste Beweise beschaffen könne.

Mike, der eingefleischte Abenteurer, war von dieser Geschichte ebenso fasziniert wie ich. Nur schien das Haupthindernis unserer erfolgreichen Ermittlungen bisher bei den Garotas zu liegen. Diese Töchter der brasilianischen Liebesgöttinnen warfen sich uns unentwegt zwischen die Füße, damit wir unser Ziel nie erreichen sollten: das sagenumwobene Reich von Akakor.

Inzwischen glaube ich, daß auch Denise nur ein Irrlicht war, um uns in die Sümpfe der Lust zu führen.

Mike schleicht sich nun zu seinem Sitz. Natürlich aus der Toilette. Auch Denise ist wieder aufgetaucht. Eigentlich bin ich sauer. Und schon wieder um eine Illusion ärmer. Um die schöne Illusion nämlich, daß Denise doch ein Engel sein könnte, mit den schönsten Beinen am Trans-Brasil-Himmel, frei von verderblicher Fleischeslust.

»Es war nichts«, errät Mike meine Enttäuschung über Denise. »Sie hat mir nur einen Knopf an der Hose angenäht. Stewardessen haben immer alles dabei.«

»Hahaha, du Witzbold. Es war vielleicht nichts, weil du bei diesen Sturzflug die Steckdose nicht gefunden hast. Oder hast du aus Angst so gezittert, daß du es nicht geschafft hast?«

Mike grinst: »Was willst du, es gibt noch genügend Frauen in Manaus, vierzehn zu eins, vergiß es nicht.«

Ich blickte aus dem Fenster. Wir kreisen über diesem Sündenbabel, der legendären Metropole der Gummibarone. Es gießt in Intervallen weiter. In einer kurzen Pause gelingt doch die turbulente Landung. Der Pilot knallt die Maschine regelrecht auf den Beton, daß es nur so scheppert. Jetzt dürfen wir bittschön schnell aussteigen. Weitere bleierne Wolken ziehen auf. Hagel und Eisgraupel am Amazonas. Auch das gibt es.

Durch die sich langsam öffnende Tür schießt ein schwerer Dunstschwall herein. Die 90 Prozent Luftfeuchtigkeit verdichten sich zu einem Hirsebrei, so schwer klebt die Luft.

Draußen Schnürregen. Denise drückt Mike beim Aussteigen einen Zettel mit ihrer Telefonnummer in die Hand. Unten an der Treppe reicht das Bodenpersonal den naßgewordenen Passagieren aufgespannte Regenschirme. Wir waten zur Flughafenhalle durch knöcheltiefes Wasser.

Die Lichter ziehen darin bizarre Kreise. Ich höre Mikes Warnung: »Neulich sind nach tagelangem Regen Krokodile bis auf die überschwemmte Piste gekrochen und griffen die Passagiere an.«

Gut möglich. Der Flughafen steht mitten im Dschungel, knapp dreißig Kilometer von Manaus entfernt. Krokodile, im Amazonasgebiet Kaimane genannt, hausen in unmittelbarer Nachbarschaft, und Mike spinnt sein Reptilien-Latein weiter: »Es ist schon vorgekommen, daß ein Kaiman sogar vom Förderband fürs Gepäck purzelte.«

»Denk lieber an Denise!« rufe ich ihm zu. Im gleichen Augenblick spüre ich etwas Glitschiges in meinem Hosenbein hochklettern. O Schreck. Mike darf mir nichts anmerken. Ich schlage beherzt auf meinen rechten Schenkel.

Und wenn das Vieh beißt? Gott sei Dank, es war nur eine kleine Eidechse. Da lacht doch der Indianer.

In der Halle werden wir erwartet. Ein weißer Jüngling stellt sich vor: »Ich heiße Apuca Anju.«

Ich bin verwundert! »Wieso sprechen Sie so gut deutsch?«

Der Jüngling antwortet stolz: »Ich bin deutscher Abstammung. Anju bedeutet in der Indianersprache weiß.«

»Und Apuca?«

»Große Schlange.«

»Also weiße Schlange.«

»Jawohl!«

»Gibt es hier viele Deutsche?«

»O ja«, meint Apuca Anju. »Sehr viele, aber nicht direkt in Manaus, sondern im Urwald.«

»Wann brechen wir auf?«

»Morgen. Heute Nacht läuft kein Schiff mehr aus. Außerdem sind die Straßen total überschwemmt.«

»Wo schlafen wir?«

»Ich habe ein anständiges Hotel für sie reserviert.«

»Gut, wir können gehen.«

Mike zögert: »Sollen wir nicht etwas warten? Auf Denise?«

Doch Apuca Anju drängt: »Wir haben keine Zeit zu verlieren. Heute ist die Nacht der Quimbanda.«

»Was ist das?«

»Die Nacht der bösen Geister. Überall gibt es Macumba. Finstere Dämonen werden beschworen, die Tod, Krankheit und Verderben bringen.«

»Warum denn das?«

»Das ist schon immer so gewesen, daß sich verfeindete Familien auf diese Art gegenseitig Rache schwören. Wenn jemand den Tod eines anderen verschuldet, eine Krankheit verursacht oder sonst böse Sachen anstellt, wird ihm Quimbanda auf den Hals gehetzt.«

»Schöne Sitten sind das.«

Apuca Anju schüttelt den Kopf: »Die Polizei ist noch schlimmer, gegen die ist man machtlos, gegen Quimbanda kann man sich wehren.«

»Wie denn?«

»Mit Macumba negativo.«

»So? Den Teufel mit dem Beelzebub austreiben.«

Das versteht Apuca Anju nicht, doch er hebt besorgt die buschigen Augenbrauen: »Heute Nacht schwirren viele böse Geister herum, es kann allerhand Unangenehmes passieren. Deshalb sollten wir uns beeilen, schnell ins Hotel zu kommen.«

Die zwei Kegel unseres Scheinwerferlichts bohren sich schief in die Nacht. Eines zielt in den linken Straßengraben, der andere strahlt hoch in die Baumkronen. Man kann also genau erkennen, wie sich die Verästelung oben schließt und über dem Weg einen Tunnel bildet. Wir fahren durch den Urwald.

Apuca Anju drückt auf die Tube. Als wäre er auf der Flucht, holt er aus dieser alten Karre heraus, was noch drinsteckt. Ein Chevy aus den 50er Jahren mit Combi-Heck und großer Ladefläche. Die Türen fallen beinahe aus den verrosteten Scharnieren, die Sitzbänke klappern, den Schalthebel muß man mit der Hand festhalten, damit die Gänge nicht bei der nächsten Asphaltbeule rausspringen. Aber die Kiste fährt.

Wir schweigen, und es gießt. Die Scheibenwischer schaffen es kaum, die Regenmassen zu verdrängen. Trotzdem sieht man durch die verschmierte Windschutzscheibe deutlich: Im Urwald tanzen die Geister. Irrwitzige Feuerchen, die sich beim Vorbeirauschen als flackernde Kerzen, Ölfunzeln und brennende Klumpen entpuppen. Drum herum kauern Gruppen dunkler Gestalten unter aufgespannten Regenschirmen, unweit davon parken jeweils einige Autos. Eine Nacht der geheimnisvollen Verschwörungen, die

Leute benehmen sich merkwürdig, als würden sie gerade einen Pakt mit dem Teufel schließen.

Die flammenden Signale haben einen magischen Bann. »Wie wär's, wenn wir kurz anhalten und einem dieser Rituale beiwohnen würden?«

»Ausgeschlossen, völlig unmöglich«, entrüstet sich Apuca Anju. »Es ist die Nacht der Macumba negativo. Wer dabei stört, kann die Teilnehmer böse verärgern. Das kann schlecht enden.«

»Pah, Aberglaube, nichts als Aberglaube«, bagatellisiert Mike und zündet sich eine Zigarette an. Ich drehe das Seitenfenster herunter, damit ein bißchen frische Luft hereinströmt. Denn im Wagen ist es zum Ersticken. Benzin- und Wasserdämpfe kochen bei der Hitze von gut 50 Grad, und dazu rauscht das Gebläse wie ein Hochofen.

Kaum ist das Fenster einen Spalt offen, wird aus unserem Häuptling ein Hasenfuß: »No, no!« ruft er in Panik. »Machen Sie sofort das Fenster zu!«

»Warum, was ist denn los?«

»Die bösen Geister! Die könnten sich von draußen durch das offene Fenster hereindrängen«, werden wir allen Ernstes belehrt. Wir widersprechen nicht, schließlich sind wir auf unseren Fahrer angewiesen. Schweigend kurbelt Mike das Fenster wieder hoch, aber der Häuptling ist noch nicht beruhigt.

»So ein böser Geist nistet sich im Auto ein«, erklärt er, »und dann passieren die komischsten Dinge. Es springt nicht an, oder es bleibt unterwegs liegen oder noch schlimmer« – der Häuptling bekreuzigt sich – »es kann zu einem Unfall kommen.«

Damit uns nichts zustößt, verstummen wir in dieser Geisterstunde. Meine Gedanken beschäftigen sich mit den Eigenarten der brasilianischen Mentalität. Es gibt dafür einen nicht übersetzbaren Begriff: ›O jeito‹ – etwa: ›Ziemlich unwahrscheinlich, aber normal.‹

Einige Beispiele dafür sind: Der Indianerhäuptling, der sich bekreuzigt; die Macumba-Hexe, die für Staatsminister die Zukunft vorhersagt; die Huren, die an einem Karfreitag ihre Liebesdienste verweigern; die Busfahrer, die mehr einem Bild der Heiligen Madonna vertrauen als den Bremsen.

Dazu gehört auch der Umgang mit Geld: Geld ist dazu da, um es auszugeben. Es hilft also nichts, wenn man den Armen 100 Dollar schenkt. Sie freuen sich und veranstalten ein Riesenfest, und damit es wirklich lustig wird, machen sie Schulden. Am nächsten Tag sind alle wieder traurig und der Meinung, daß Geld nur Unglück bringt. Denn einer hat sich sicherlich im Vollrausch totgefahren oder seinem Freund das Messer eingerammt. Aber dagegen ist kein Kraut gewachsen, weil das sicher wieder diese verfluchte Macumba negativo verursachte.

Die Nacht ist düster. Keine Sterne, kein Mond, nur Regen, Regen. Ich brenne zwar darauf, durch unseren Häuptling Apuca Anju mehr zu erfahren, aber er gibt sich unwillig. Vielleicht bringt Musik etwas Stimmung. Ich drehe das Radio an: Es krächzt, und Elvis schmachtet einen seiner unvergeßlichen Oldies: ›Love me tender.‹

Es klingt unwirklich, gespenstisch, als ob es die Geisterstimme von Elvis wäre. Plötzlich knallt's. Der Wagen schlingert, dreht sich um seine Achse und schlittert in den Straßengraben; er stößt an einen Stein, der Motor stottert und setzt keuchend aus.

Benommen bleiben wir sitzen, Apuca Anju steigt aus. Die Scheinwerfer flackern fahl. Wir stecken unmittelbar vor einer Mulde. Regenwasser hat sich darin gesammelt und umschwemmt jetzt einen kleinen Altar aus Stanniol. Ölfunzeln in Obstschalen, angekohlte Hühnerfedern, verbrannte Kadaver, ein angesengter Hahnenkamm, ein geringelter Schweineschwanz und ein Hasenlauf liegen neben einem verrußten Foto. Mann oder Frau? Das Bild ist nicht mehr zu erkennen. Apuca Anju starrt in das Loch. Auch wir klettern aus dem Wagen, um zu inspizieren, was da passiert ist.

Nur eine Reifenpanne. Doch für Apuca Anju ist es eindeutig das Werk der bösen Geister. »Macumba negativo«, flucht er, »jemand hat uns hier einen Genickbruch gewünscht. Wenn ich bloß wüßte, wer das war!«

Presley trällert unbeirrt weiter, es knistert immer seltsamer, die Lichtkegel werden schwächer, die Scheinwerfer blinzeln müde. Noch ein Augenblick, und die Batterie gibt ihren Geist auf. Um uns wird es zappenduster.

Apuca Anju hüstelt: »Ich habe keinen Reservereifen dabei«, gesteht er leise. »Ich brachte ihn heute morgen zum Flicken, abends war er noch nicht fertig...«

»Das ist Macumba«, versuche ich zu scherzen, und trete dabei ins Fettnäpfchen.

Da glühen aber zwei Lämpchen in der Ferne auf. Langsam vergrößern sie sich, schließlich blenden sie uns stark. Dem blubbernden Heckmotor nach muß es ein VW-Käfer sein. Er bleibt stehen. Wir können die Insassen nicht erkennen, aber die Stimme verrät sie: »Sollen wir euch in die Stadt mitnehmen?«

Es ist ein Käfer, und drin sitzt unsere Stewardeß.

»Hallo, Denise?«

»Si, ich habe noch meine Freundin dabei, also was ist, steigt ihr ein?«

Kurze Verständigung mit Apuca Anju. Er will bleiben. Wir schicken ihm Hilfe, morgen soll er uns im Hotel ›Central‹ abholen. Die Zimmer für uns sind bestellt. Mike und ich klettern in den Käfer.

»Ola«, begrüßt uns neben Denise eine schwarzhaarige junge Frau. Sie stellt sich gleich vor: »Ich heiße Rajuza.«

»Auch Stewardeß«, flötet Denise, auf portugiesisch heißt's: ›Aeromosa‹.

Ulkig.

Rajuza entpuppt sich als ein quietschfideles Springteufelchen. Bald hängt sie an meinem Hals. Aus dem Autoradio säuselt nicht mehr Elvis, sondern mit einem Liebeschanson Fabio Junio, eine Art brasilianischer Peter Maffay. ›Este amor e a coiza mais linda‹ – die Liebe ist eine viel schönere Sache...

»Als was?«

»Als nur ein Kuß«, ergänzt Rajuza und preßt ihre feuchten Lippen auf mein Ohrläppchen.

Es fängt ja toll an.

Denise gibt Gas. »Nelson Piquet?« rufe ich ihr zu, worauf sie ermutigt noch schneller fährt: »No!« sagt sie und spreizt den Daumen nach oben: »Ayrton Senna.«

Aha, ein Senna-Fan. Ist auch in Brasilien populärer, denn er fliegt nach jedem Grand-Prix-Rennen immer heim nach Rio, gibt Pressekonferenzen und macht ›John-Players‹-Werbung von jeder Litfaßsäule. Dem Piquet dagegen ist alles schnuppe. Er lebt in London und hamstert Millionen.

Allmählich verstärkt sich der Gegenverkehr. Busse, Trucks und Camions, vereinzelt PKWs, meist Taxis. Alle im mörderischen Tempo, ab durch die Mitte der Straße. Keiner bemüht sich, das Fernlicht abzublenden, man hat eine andere Nachtfahrweise drauf. Als Orientierungshilfe blinkt der rechte Blinker. Darauf rast man zu und passiert einander haarscharf. Da würde es eine Fliege zerquetschen, sollte sich eine dazwischen verirren.

Am düsteren Horizont zeichnet sich rötlicher Schimmer ab. Feuer? Laufende Kristallsternchen in Plastikschläuchen und die große rotstrahlende Silhouette eines Schützen. In gleicher Gestalt, wie er im Horoskop vorkommt: halb Schütze, halb Satyr. Mit dem Pfeil und Bogen verwandelt sich sein halbnackter Oberkörper unten in ein springendes Pferd. Darunter leuchtet ein Neon-Schriftzug in Blau: ›Motel Sagitario‹. Rote Herzchen rundum signalisieren es deutlich: Ein Liebeshotel des Amor-Schützen.

Liebesmotels gibt es überall in Brasilien, eine überaus luxuriöse Einrichtung. Selbst mitten im Dschungel noch mit allerhand Komfort ausgestattet.

Rajuza klatscht: »Motel, Motel...«

Denise tritt ruckartig auf die Bremsen. Fast hätten wir uns überschlagen, weil die Räder abrupt blockierten. Aber Denise und Rajuza merken es gar nicht. Jetzt spielen sie Räuber und Gendarm. »Arme hoch«, ruft Rajuza. Denise fügt hinzu: »Ab mit euch ins Gefängnis.«

Erlaubt ist nur die Frage: »Vamos para Motel? Habt ihr Lust, im Motel zu übernachten?«

»Logisch! Da gibt's nichts zu fackeln.«

Also abgemacht!

Ja, solch spontane Entscheidungen liebe ich. Die gibt's in Brasilien. Zumindest in dieser Form: Zwei Stewardessen gabeln zwei gestrandete Touristen auf und fahren mit denen schnurstracks in ein Stundenhotel. Ist mir zwischen Frankfurt und Dortmund noch nie passiert. Schon was von Emanzipation gehört, Frau Schwarzer?

Das ›Motel Sagitario‹ trotzt massiv gegen die dunklen Wolken und gleicht einer Festung. Hohe Mauern mit Stacheldraht auf den Giebeln, vor dem Eingang ein dicker Schlagbaum. Für eine Weile hat es aufgehört zu regnen. Es ist ruhig. Kein Verkehr. Plötzlich springen aus einer blechernen Seitentür drei dunkle Gestalten. Eine knipst die Handlampe an, und man kann erkennen: Zwei schwarze Männer und eine schmuddelige Frau. Auf einer Karre schieben sie ein Riesenknäuel schmutziger Wäsche. Bettlaken, Überzüge, Handtücher. Die Männer sind bewaffnet. Zwei Flinten mit kurzem Lauf. Bei Nacht braucht man keine Präzisionsgewehre. Auf die Streuung kommt es an. Eine Schrotladung aus so einem Trichter wird irgendwas schon treffen, sollte dieser wertvolle Wäschetransport überfallen werden. So abwegig wäre diese Sache nicht, denn die Bettlaken und Handtücher müssen im Motel einiges aushalten.

Dafür garantiert die Marke ›Herring‹, denn sie steht für deutsche Wertarbeit, Made in Blumenau, im brasilianischen Bundesstaat Santa Catarina. Dort lebt eine starke deutsche Minderheit – Handwerker, Winzer, Bauern, wie an der Mosel –, auf die ich noch zu sprechen komme.

Denise kurvt im Slalom. Nicht so einfach, die richtige Zufahrt zum Motel zu erwischen. Neben der dreispurigen Asphaltpiste gibt es eine Lücke in der Bordsteinkante. Hier heißt es durch, knapp am Straßengraben vorbei, weiter zwischen Mulden sich durchschlängeln, aber nicht in einer Sackgasse im Urwald landen. Das Verkehrsschild ›Vorsicht, Achsenbruch‹ erübrigt sich, schneller als im Kriechgang geht es ohnehin nicht vorwärts.

Fast eine halbe Amazonas-Rallye, die wir als Zwischeneinlage absolvieren, bis wir endlich das Ziel erreichen. Die Einfahrt mit einem dicken Schlagbaum. Wir halten.

Aus der Pförtnerloge lugt ein Wuschelkopf. Ein lustiges Negerlein bleckt seine breiten Zahnlücken; er grinst wie einer, der sich auf Frischfleisch freut – für seinen Kannibalenkessel. Mit uns zu reden, macht ihm offenbar zuviel Mühe. Lasch zeigt er auf die Leuchttafel oberhalb des Eingangs. Ziffer und Namen: Von 101 bis 1001 – letzteres ist die ›Suite presidential‹. Überall brennt es rot. ›Ocupado‹ – besetzt.

»Was ist da los? Ist vielleicht ganz Manaus am Bumsen?«

Das Negerlein grinst noch breiter. Immerhin spielt er hier den Erzengel Gabriel und entscheidet – wer wann ins Liebesparadies hinein darf. Jetzt schaltet er sogar die Ampel auf rot. Nichts geht mehr.

Trotzdem fragt Denise den schwarzen Zerberus. Aber das tut sie nur, weil die Brasilianer ohnehin sehr redselig sind und damit die Wartezeit schneller vergeht. Aus der Frage, wann etwa ein Apartementos frei wird, entsteht eine kleine Kabinett-Komödie. Karl Valentin und Liesl Karstadt in Manaus.

Bei der direkten Anrede nimmt das Negerlein nur langsam zur Kenntnis, daß überhaupt jemand mit ihm redet;

– bei der ersten Wiederholung scheint er schon den halben Sachverhalt mitzubekommen;

– beim zweitenmal wird ihm dann der Zusammenhang erklärt;

– beim drittenmal wiederholt er selbst die Sache mit sichtlicher Freude, daß er begriffen hat, worum es geht.

Und dann?

Dann geschieht erst gar nichts. Das Negerlein zeigt wieder auf die rote Tafel, allerdings höflicher als vorher. Einem Preußen wäre dabei fünfmal der Kragen geplatzt, aber hier ist es anders. Jetzt kennt uns das Negerlein bereits und deutet uns an, daß wir Freunde sind: Er spreizt den Daumen nach oben. Tudo bem!

Das Rotlicht zeigt allmählich Wirkung. Die Tafel stimuliert. Man stelle sich nur vor: Überall, wo eine Nummer rot leuchtet, wird...

Na was denn? Eigentlich gibt es eine ganze Menge Wörter dafür.

Denise stellt den Motor ab. Zwei, drei hämische Nachzünder donnern in die Nacht. Dann wird es still. Nein, nicht ganz. Vor uns erstreckt sich ein Innenhof mit einer Kette von Bungalows, im Halbkreis angeordnet. Es zwitschert etwas in der Luft. Grillen? Auch. Aber irgendwo brummt auch ein Bär, röchelt eine Sau, wiehert ein Pferd, gackern Hühner, schnattern Enten.

Aber nein, weit und breit ist doch kein Bauernhof. Wir spitzen die Ohren. Schon klar. Von wegen Federvieh und Haustiere! Hier singt ein Chor die erotische Sinfonie. Seufzer, spitze Schreie, Gestöhn und Gemurmel als Begleitakkorde der Ekstase.

»Schön«, erfaßt Mike unsere Wahrnehmungen. Rajuza macht dieses Konzert schon unruhig. Sie beißt mir ins Ohr. »Gostoso« stöhnt sie, angesteckt von der Liebesmelodie des Motels: ›Love me tender.‹

Die Brasilianer sind in dieser Hinsicht wohl das musikalischste Volk der Welt. Rajuza fummelt bereits an meiner Hose und will mir sofort beweisen, daß auch sie jede Menge von Musik versteht.

Derweil raucht Denise eine Zigarette und pustet neckisch den Rauch aus dem offenen Seitenfenster unseres Käfers. Mike schiebt seine Hand unter ihre Bluse. Wir warten ganz relaxt. Von draußen dringen immer wieder neue Stoßseufzer zu uns. Bald klingt es wie nach einem bekannten Ohrwurm. Auch Denise intoniert mit.

Jetzt flackert ein Nummernfeld grün auf: ›Libre‹ – frei! Hurra, wir leben noch, jetzt laßt endlich Blumen sprechen.

Das Negerlein reicht uns einen Schlüssel mit roter Kordel. Auf der anderen Seite seiner Loge fährt ein Wagen heraus. Ein Mann mit zwei Frauen. Bravo. Unser Negerlein zieht eine freche Grimasse. Wird er eigentlich mal selber geil, wenn er lauter Pärchen und Gruppen sieht, die alle das gleiche wollen?

Keine Zeit, darüber Gedanken zu verschwenden. Denise gibt Gas und braust mit röhrendem Auspuff in die Garage. Wir haben die Nummer tausend und eins erwischt: Die ›Suite presidential‹.

Eine Garage gehört zu jedem Bungalow und sorgt für Diskretion. Zack, fährt man rein, drückt auf einen Knopf, es rumst, hinten klappt das Tor, und man ist gut versteckt. Pick, geht Rotlicht automatisch an, die Treppen schwuppdiwupp hoch, klack, die Tür auf, und wums, wieder zu. Woopi, wir sind drin. Alle vier!

Denise kennt sich offenbar aus. Sie findet blind den Lichtschalter. Spot an! Die Szene könnte einem James-Bond-Film entstammen. Wir gehen erst mal durch die Räume, der Reihe nach. Der Boden glitzert wie in einer Disco. Das Vorzimmer ist mit einer Schiebetür abgetrennt. Dahinter noch mehr Glitzer: Rundum verspiegelt, steht ein rundes Bett in der Mitte.

An der Kopfseite befindet sich ein Cockpit mit Schaltern, Hebeln, Lämpchen und leuchtenden Digitalzahlen. Denise als Stewardeß demonstriert, was diese Kommandozentrale kann. Mit einem Paneel bedient man den Swimmingpool hinter der riesigen Glaswand. Es leuchtet türkisfarben von innen, und darüber sind noch Strahler angebracht. Per Schalter öffnet sich elektrisch das Schiebedach. Noch ein Knopfdruck, und ein Wasserfall prasselt über weiße Schiefersteine nieder.

Die Hollywood-Schaukel muß man allerdings selbst bewegen. Rajuza probiert's gleich aus und fliegt beinahe in den Pool. Es wird bestimmt noch lustig, glaube ich. Wie verteilen wir uns aber? Rajuza stürzt sich auf das Rundbett. Perfekt. Es dreht sich und schaukelt wie eine Yacht, denn es ist mit Wasser gefüllt. Prima, habe schon lange davon geträumt. Inzwischen trompetet Mike aus dem Bad: »Du mußt dir unbedingt die Toilette ansehen...«

Rajuza entdeckt die nächste Funktionstaste: Es blitzt zukkend, grünes, rotes, lila Licht. Ein Höllenzauber. Und wozu dient die linke Taste?

Erst klemmt sie, aber dann rasselt ein Vorhang an der Glaswand runter. Damit ist die Sicht zum Pool oder eigentlich vom Pool zum Bett verschleiert. Und was für ein raffinierter Vorhang ist es: Gerüscht und gerafft wie der Unterrock von Josefine Mutzenbacher. Küß' die Hand, Madam.

Aber ich wollte doch was anderes... ach ja, die Toilette anschauen. Donnerwetter, hier wurde wirklich an alles gedacht. Goldbraune Kacheln, gelbe Fußmatten, natürlich goldene Wasserhähne und als Clou: Der Klo-Deckel.

Durchsichtig, aus rauchigem Plexiglas und innen eingeschweißt – Schmetterlinge. Sind die etwa auch noch echt? Ich beuge mich über die Klo-Schüssel, um das Phänomen näher zu studieren, da erwischt mich prompt Rajuza: »Vocé louco« – du bist verrückt.«

»Wieso, mon amour, hier sind doch Schmetterlinge drin.«

Rajuza kichert. Sie schubst mich beiseite. Die knallenge Stretch-Hose runter, streift sie ihren Schlüpfer gleich mit über die Schenkel. Und ich erblicke noch einen Schmetterling. Einen dunkelblauen Falter auf den purpurroten Stoff gestickt, so plastisch, daß er jeden Augenblick abzuheben droht.

Während ich den Schmetterling auf Rajuzas Slip bewundere, macht sie ungeniert, was man nur auf brasilianisch so unnachahmlich lautmalerisch sagen kann: »Madam Gigi« – sprich schi-schi. Das erledigt Rajuza, als sei es das Natürlichste der Welt. Für Rajuza ist's auch das Natürlichste.

Im Gegensatz zu Denise ist Rajuza eine weiße Brasilianerin, aber ebenfalls eine aparte Mischung: Der Vater kam aus Ägypten, daher der Name Rajuza, die Mutter ist eine Spanierin. Von ihr erbte Rajuza die Haut. Und sie ist auch die wahre Tochter einer stolzen Andalusierin, die keine Sonne an ihren Körper läßt. Ihre Haut ist daher glatt und seidenweich, helles Elfenbein im perfekten Kontrast zu einem schwarzen Dreieck.

So steht sie also vor mir. Vor dem Schmetterlings-Deckel streift sie ihren elastischen Pulli über den Kopf. Jetzt sehe ich die rosigen Spitzen ihrer Brust. Das Verlangen steigt in mir hoch, ich fasse sie an.

Doch Rajuza entwindet sich meiner Umarmung. »Hier doch nicht!« flüstert sie. »Oder willst du dabei die Schmetterlinge betrachten...?«

Gewiß nicht. So schön können sie gar nicht sein, daß sie

mich von Rajuzas wunderbarem Körper ablenken könnten. Sie stürmt zum Wasserbett, das gleich wie ein Schlauchboot losschaukelt, sobald sie draufhüpft.

Wie schnell war ich aus den Kleidern raus? Weiß ich gar nicht, aber schon spüre ich Rajuzas Herzklopfen – an meiner nackten Brust. Wo ist Mike, fällt mir noch ein. Ich sehe nur dicke Dunstschwaden über den leuchtenden Pool ziehen. Mike und Denise bespritzen sich und haben die Tür zum Dampfbad offengelassen. Gleich verschwinden sie ganz in einer Wolke. Ich drücke auf die Taste, damit der Rüschenvorhang niedergeht. Dann suche ich in der Lichtorgel die passendste Farbkombination dazu. Rot, gelb, grün? Nein. Nur rot. Feuerrot wie die Hölle.

Im Wandschrank knallt's. Gleich danach springt die Mahagoni-Tür auf, ein Stoß Handtücher purzelt heraus. Luftdicht in Plastiksäcken verpackt. Das Service ist wirklich First-class und wird von unsichtbaren Dienstgeistern erledigt. Ich glaube, erst daran läßt sich die Kultur einer Nation ermessen, unter welchen Umständen sie ihre Liebesspiele betreibt. In Brasilien macht man's gern sophisticated. In Liebesmotels zu verkehren, gehört zum guten Lebensstandard genauso, wie gepflegt in Restaurants zu speisen. Eher spart man aber am Tisch als am Bett.

Es schaukelt. Rajuza verwandelt unser Wasserbett in ein Trampolin. Sie turnt verrückt, zeigt mir Katzenbuckel und übersät mich mit kleinen Küßchen. Sie ist splitternackt und ich fühle sie überall, ihre Hand gleitet über meine Hüften und Oberschenkel bis hinunter zum Knie. Ich will sie ebenfalls anfassen, aber da stößt sie mich zurück. Ich versuche sie an mich zu reißen, aber sie schlängelt sich durch meine Arme, kriecht unter meine Brust, meinen Bauch hindurch. Eine Schlange, ein Biest, das mich richtig rasend machen will.

Jeden Millimeter meiner Intimzone lädt sie elektrisch auf. Ein verrücktes Spiel, das sie mit mir treibt. Sie richtet sich auf und läßt sich wieder auf mich fallen.

Das Wasserbett wirft uns hin und her. Ich packe Rajuza fester und wir balgen miteinander. Sie ist gelenkig wie eine

Katze, und immer wenn ich versuche, sie zu überwältigen, entwindet sie sich flink.

Das macht mich noch rasender. Wir ringen jetzt mit voller Kraft. Der Schweiß rinnt in Bächen. Es ist heiß. Für einen Augenblick liegt Rajuza ermattet und mir gelingt es, sie zu besiegen. Sie läßt sich überwältigt auf den Rücken rollen, streckt ein Bein nach oben – wie an einem Mast im Zirkuszelt spannt sie damit das Leintuch hoch.

Rajuza schnauft. Es ist heiß, sehr heiß. Das Rotlicht flimmert durch das Bettlaken, illuminiert schimmernd ihre Haut, wirft bizarre Schatten auf ihr Gesicht und verwandelt es zu dem einer bösen Puppe. Kein Theaterregisseur hätte das besser inszenieren können. Die Mischung aus Maske und natürlicher Schönheit. Es wird aber noch verrückter. Mit ihrer freien Hand erwischt Rajuza einen weiteren Schalter am Paneel. Das Fernsehen flimmert los, ein harter Sexfilm. Obwohl ich das Bild nicht sehen kann, weiß ich's. Ich höre das Gestöhne. Wüst, ordinär, hysterisch. Was wir schon draußen wahrnehmen konnten, wütet nun hier drin, ein erotisches Stimmkonzert in Sex-Dur.

Rajuza steckt ihren Kopf aus den Laken heraus, aber mich hält sie darunter fest wie in einem Sack. Und ich dringe wie ein Löwe in sie, voller Gier nach ihrem Körper. Nach einem neuen Körper. Im Bruchteil der folgende Sekunde entscheidet sich, ob diese Vereinigung neuen Genuß bringt.

Ja, ja, ja. Neue Seufzer, neue Gefühle. Rajuza ist wunderbar. Halb bewußtlos übernimmt sie meinen Rhythmus. Wild drückt sie sich mir entgegen. Ich spüre ihr starkes Verlangen und auch, daß ich sie bald zur Wollust führen kann. Und dann geschieht etwas Überraschendes. Ich drückte Rajuza noch fester an mich – und denke dabei an eine andere Frau.

Nein – und das verblüfft mich vollends – nicht an Suheli, meine zauberhafte Fee. Ich denke nicht an die Glücksmomente mit ihr, an ihre samba-schwingenden Hinterbacken. Vielleicht habe ich nur kurz einen Vergleich gezogen. Rajuza ist viel fleischiger als Suheli, sie vermittelt das Gefühl einer deftigen Speise, einer Schlemmerei mit Parfait du Canard – ja sie schmilzt unter mir wie eine Entenpastete.

Mit Suheli glaubte ich zu fliegen, bei Rajuza sinke ich immer tiefer und tiefer – und denke dabei an eine Frau, die ich nur flüchtig gesehen habe. Beim Aussteigen aus der Maschine, erst vor kurzem hier in Manaus. Sie schob sich an mir vorbei, eng im Mittelgang, es kam nicht mal zum Blickkontakt. Ich schenkte ihr auch keinerlei Aufmerksamkeit, aber jetzt taucht sie plötzlich vor mir auf. Ganz deutlich: Pechschwarze Haare, ganz in weiß gekleidet, ein grobgehäkeltes Kleid, an der Seite mit weißen Seidenstreifen passepolliert.

Und diese Vision reizt jetzt meine Sinne mehr als die massiv-rhythmischen Impulse von Rajuza. Im übrigen ist sie eine Meisterin. Sie schäumt über, sprudelt, muß inzwischen drei- bis viermal explodiert sein wie ein Silvester-Feuerwerk.

Doch ich denke an das weiße, gehäkelte Kleid. Wie ein Film spult sich die Begegnung in meinem Hirn ab mit immer neuen Details. Ihr Gesicht hatte ich mir gar nicht gemerkt, aber daß sie eine Indianerin war, konnte ich an ihren Haaren deutlich erkennen. Sie war klein und zierlich und schleppte eine rote Schultertasche mit sich. Ihr Körper bewegte sich dabei unter ihrem weißen Kleid wie eine Seidenraupe in ihrer Hülle. Das dürfte es gewesen sein, was mich im Unterbewußtsein so faszinierte.

Das weiße Kleid schien die Unschuld einer Madonna zu symbolisieren und sie selbst war die Versuchung. In meinem Gehirn fiebert es immer mehr, wahnsinnige Visionen fließen ineinander: Ich glaube zu wissen, woher dieses Kleid stammt. Es ist die Decke von einem Altar, und meine sündige Geliebte hat sie in der Kirche geklaut, sich ein Kleid daraus genäht und ist damit in die Großstadt ausgerückt. Zu ihrem heimlichen Geliebten, ihrem Romeo oder einfach zum erstbesten Mann, dem sie sich von Leidenschaft getrieben hingegeben hat.

Rajuza stöhnt immer lauter, und ich verliere jede Beherrschung, jetzt, jetzt werde ich in meiner Fantasie gleich das weiße Häkelkleid in tausend Fetzen zerreißen, es Faden für Faden zerfleddern, bis meine unbekannte Geliebte nackt vor mir steht.

Ich gönne mir keine Pause, nehme keine Rücksicht auf Rajuza. Aufs Glasdach des Swimmingpools trommelt der Tropenregen. Ich bäume mich mit letzter Kraft auf. Dieser Akt gleicht einem Naturereignis – ich werde all die entfesselten Elemente bezwingen, ich werde meine Indianer-Squaw aus meiner Fantasie hervorzaubern, ich werde Rajuza so rasend lieben, bis sie sich völlig auflöst. Ich werde, ich werde, ich werde...

Da fliegen bei mir alle Sicherungen raus. Ein mächtiger Knall, fast schmerzlich sticht es in meinem Kopf. In meiner Fantasie habe ich die weißgekleidete Indianerin beglückt, doch mit den letzten Zuckungen meiner Glieder verschwindet sie aus meinen Gedanken. Sie löst sich auf wie eine Fata Morgana, und Rajuza schaltet das Fernsehen aus.

Black out, Mattscheibe, Sendepause. Auch Rajuza verliert plötzlich die Lust, kein Sex mehr, kein Kuß, kein Streicheln. Angewidert nimmt sie sich ein Handtuch und greift zum Telefon. Mit der anderen Hand schnappt sie sich die Speisekarte und beginnt gleich mit der Bestellung: Steak, Pommes frites, Orangensaft, Shrimps, gebackene Hühnerkeule. Dann höre ich sie noch weiter murmeln, verstehe aber den Sinn ihrer Worte nicht mehr.

Die Glocken läuten, Lärm betäubt meine Ohren. Das Bett verwandelt sich in ein Boot. Es treibt hinaus auf schmutziges Wasser, bleibt am Ufer zwischen knorrigen Wurzeln hängen. Ist das jetzt ein Traum?

Aus einem Feuer, wie wir es heute bei unserer nächtlichen Fahrt gesehen haben, steigt Suheli. Aber diesmal ist sie alt. Nein, nicht alt, sondern uralt, eine geradezu gespenstische Hexe. Macumba. Ihr Gesicht ist zur Fratze verzerrt.

Aber es ist Suheli. Sie trägt all diese schwarze Reizwäsche, die ich ihr demnächst in Rio zu schenken vorhabe. Sie liegt bereit in einem Koffer, den ich im ›Copacabana Palace‹ zurückgelassen habe. Aber jetzt tänzelt Suheli bereits in Netzstrümpfen und dem Negligé aus zarter Spitze. Aus dem Feuer steigen ölig-blaue Rauchschwaden. Und plötzlich fährt ein Auto vor. Ein Wrack, ähnlich dem Chevy, mit dem uns Apuca Anju vom Flughafen abholte. Nur ist er diesmal mit Voodoo-Zeichen bemalt. Rot, gelb, grün. Masken mit leeren Augenhöhlen, fletschende Zähne mit Lükken, aus denen schwarze Schlangen kriechen. Die bösen Zeichen der Quimbanda, einer Macumba-Göttin. Aus ihrem Schlund träufelt Blut.

Suheli klemmt sich wie eine Furie hinters Lenkrad. Nach einigen Fehlzündungen heult der Motor auf. Das Auto ist nicht leer. Auf dem Beifahrersitz hockt Fàfa, mit glasigen Augen; in ihren Rasta-Zöpfchen wimmeln phosphoreszierende Eidechsen und neben ihr kreischen Denise und Rajuza, unsere Stewardessen. Sie stecken ihre Beine durch ein Loch in der rostzerfressenen Seitentür.

Auf der hinteren Bank quetscht sich eine komplette Sammlung von Rio-Nutten. Einige Gesichter kommen mir vertraut vor: Ronda, Mona Lisa, Fernanda, Sandra, die versoffene Elisabeth. Und es geht weiter. Auf der Ladefläche krakeelen Zèze, Gigi, Kiki, Chantal, Cheri, Suzi, Yona und Mona.

Dann drehen die Räder im Schlamm quietschend durch, das Höllengefährt macht einen Satz, rast direkt auf mich zu. Dabei fliegt der Rost und der Dreck ab, wie eine alte Schlangenhaut. Aus den Scheinwerfern kugelt das schmierige blinde Glas heraus.

Suheli schreit mich an, weißglühend vor Haß. Mein Gott, womit habe ich diesen Zorn verdient...?

Da wache ich auf. Schweißgebadet beutelt mich Schüttelfrost. »Gelbfieber?« erschreckt mich ein erster Gedanke. Ich richte mich auf, das Rundbett schaukelt sanft. Ich betaste das zerknüllte Leintuch. Was ich darunter spüre, ist kalt wie eine Leiche. Brrr... aber das bin ich doch selber. Bin ich etwa schon tot? Zur Hölle gefahren? Und dieses kalte Bett, ist das etwa mein Sarg? Ich taste verstört um mich. Allmählich dämmert es mir! Das Wasserbett hat mich total unterkühlt. Das Wasser darin ist nämlich nicht geheizt. Es hat die Wirkung eines Kühlschranks, wenn man lange darauf liegt.

Wie lange schon eigentlich? Irgendwann muß ich eingeschlafen sein. Wo ist Rajuza? Um mich sieht es aus wie auf einem Schlachtfeld. Teller mit Essensresten, umgekippte Kaffeekanne, Zigarettenstummel im Orangensaft. Iggitiggit. Auf einem Glas klebt ein Zettel. Der Abdruck von blutroten Lippen draufgepappt. Der Kußmund von Rajuza. Aha, sie hat mir ihre Telefonnummer notiert. Ciao, amore. Sie ist weg. Was mache ich nun?

Schnell, schnell unter die heiße Dusche, heiß und noch heißer aufdrehen, damit es mich aufwärmt. Dampf erfüllt das Bad. In diesen Dämpfen sehe ich wieder Suheli aus meinen Alptraum: Was hat sie bloß geschrien?

»Cascavel, jaracucu, sucuri, jararaca, coral.« Alles widerliche Namen von hochgiftigen Schlangen. Die Brasilianer schimpfen damit in höchstem Zorn. Aber es sind ja lauter schöne Namen: »Kaschkawel, scharakusu, sukuri, schararaka, koral.«

Allmählich bringt die Wärme meine gute Laune zurück. Tolle Einrichtung, diese Liebesmotels, nur soll man nicht unbedingt auf dem Wasserbett pennen. Und schon gar nicht den ganzen Vormittag.

»Scheiße – Wasser, Strom, alles in einem Rohr verlegt«, poltert Mike fluchend von nebenan. Was ist los?

»Die Suppenhühner sind ausgeflogen. Deine und meine, beide sind weg. Kruzifix, daß man so einpennen kann!«

»Du auch?«

»Ja, auf der Hollywood-Schaukel. Bin fix und foxi. Und du?«

»Es geht schon wieder. Wie spät ist es eigentlich?«

»Halb elf.«

»Das auch noch!«

»Wann wollte uns der Häuptling abholen? Um sechs Uhr früh, oder?«

»Wo ist er jetzt?«

»Hoffen wir, er wartet im Hotel ›Central‹, sonst sind wir ganz schön aufgeschmissen.«

Wir checken unsere Lage. Denise und Rajuza haben noch ordentlich zugeschlagen. Bestellten für drei und haben sogar Butter und Marmelade vom Frühstück mitgenommen. Aber sonst fehlt nichts. Sie haben sich nur aus dem Staub gemacht, kein Bock mehr auf uns. Eigentlich okay. Wir müssen sowieso weiter und bezahlen die saftige Rechnung. Auf uns warten noch große Taten, dies hier war nur ein kleines Scharmützel. Und wir können stolz sein. Noch keine Verluste erlitten, alles dran und gesund. Das Motel hier ist absolute Spitze. Schon allein deswegen lohnt die Reise nach Manaus. Dort gibt's freilich noch die Oper, das berühmte Teatro Amazonas, vielleicht schaffen wir es auf dem Rückweg, reinzuschauen. Soll ein wahres Schmuckkästchen der Baukunst sein. Zur Premiere hat dort Caruso gesungen. Mal sehen, ob sein Echo noch in der Kuppel rumspukt.

Seine braunen Augen starren zusammengekniffen auf die Tür. Er sitzt in einem verwaschenen Tropenanzug im Hotel ›Central‹. Seit fünf Stunden wartet er regungslos auf uns. Seine ersten Worte als wir in die kleine, schmuddelige Halle hereinplatzen sind: »Ich bin bereit, aber wenn Sie sich erst ausruhen wollen, kann ich warten.«

Diese stoische Ruhe von Apuca Anju imponiert. Wir hetzen vom Motel aus mit dem Taxi durch Manaus, um paar Minuten von der Verspätung einzuholen. Es plagt uns das schlechte Gewissen. Wir haben nämlich völlig vergessen, Apuca Anju Hilfe zu schicken. Wegen unserer Stewardessen. Denise und Rajuza haben unsere Sinen total benebelt. Dieses Motel-Abenteuer hat unsere Pläne schwer durchkreuzt. Aber es wäre peinlich, jetzt Besserung zu geloben, außerdem fragt unser Häuptling gar nicht, wo wir steckten. Hat er sich wegen uns überhaupt Sorgen gemacht?

Wir übergehen erstmal stillschweigend die ganze Angelegenheit. Tudo bem, alles in Ordnung, wir sind bereit aufzubrechen. Apuca Anju zeigt auf einen roten Toyota-Jeep.

»Und was ist mit dem alten Chevy?«

»Es hat gestern nacht noch einen Kabelbrand gegeben.

Diese verfluchte Macumba!« Der Häuptling winkt ab: »Reden wir nicht mehr darüber. Heute ist ein neuer Tag. Diesen Jeep schickt uns ein Franzose, er will sich später mit uns in Verbindung setzen. Es geht um Gold.«

Michel heißt er. Aber im Moment ist er verhindert. Er hat Ärger, eben wegen Gold. Die Polizei hat sein Wasserflugzeug beschlagnahmt. Damit war er als Priester verkleidet in die geschlossenen Gebiete der Indianerreservate reingeflogen und hat kiloweise Gold rausgeschmuggelt, bis ihn eine FUNAI-Patrouille aufspürte, heißt es.

Also doch! Diese Organisation zum Schutze der Indianer (Fundacao Nacional de Assistencia ao Indio, abgekürzt FUNAI) verwaltet die Reservate auch aus wirtschaftlich-strategischen Gründen. Nicht nur um die Indianer zu schützen, sondern um zu verhindern, daß im Lande ein neues Goldfieber ausbricht.

Der gesamte obere Lauf des Amazonas ist noch weitgehend unerforscht, es gibt viele weiße Flecken, zu denen man auch keinen Zutritt bekommt. Warum wohl? Weil es Gebiete mit unermeßlichen Bodenschätzen sind. Edelhölzer, Eisenerz, Uran, Zinn, Diamanten, Gold und die größten Erdöllager der Welt.

»Auf die Wachposten der FUNAI werden wir auf unserer Reise noch öfters stoßen. Sie kontrollieren alle Wege zu Lande und zu Wasser.«

Während wir zur Fähre sausen, erzählt unser Häuptling: »Man sieht überall ihre roten Fahnen, an Wachtürmen und Schlagbäumen – ohne eine Genehmigung wird man gar nicht vorbeigelassen. Selbst wenn man schon hunderte von Kilometern unter schwierigsten Bedingungen zurückgelegt hat, muß man umkehren, falls die Papiere nicht in Ordnung sind.«

Ob Mike für uns die richtigen Dokumente besorgt hat? Es sollte sich bald herausstellen.

Wir fahren auf einer gut ausgebauten vierspurigen Betonpiste, vorbei an Werkshallen und Lagergebäuden. Sanyo, Sharp, National, Technics. Eine Ansammlung von japanischen Firmen. Manaus ist das Herz der brasilianischen

Elektroindustrie, weil es als Freihandelszone gilt. Mit dieser Maßnahme versucht die Regierung dieser verarmten Region wieder zu neuem Wirtschaftswachstum zu verhelfen. Manaus erhielt den gleichen Status wie Hongkong. Vom Zoll befreit, siedelt sich hier neue Industrie an. Vom vergangenen Reichtum der sagenumwobenen Kolonialzeit der Gummi-Barone und dem legendären Kautschukboom blieben nur wenig Spuren – verfallene alte Fabrikgebäude, von Feuchtigkeit angegriffene prachtvolle Villen und Stadtpaläste. Für eine Renovierung fehlt das Geld. Die vielen von Arbeitsgelegenheit angelockten Zuwanderer vegetieren meist in Favelas, die noch armseliger wirken als die gleichen Behausungen in Rio. Ohne die bunten Farben und malerischen Hügel versinken sie meist im wildwuchernden Riesenkraut, zwischen Schlammwegen mit Pfützen übersät, in denen Millionen von Moskitos brüten.

Wir rollen zum Hafen hinab. Der Anblick des Amazonas überwältigt – immer wieder. Breit wie der Bodensee wälzen sich wuchtige Wassermassen vorbei. Mit kaum sichtbarer Strömung, denn das Gefälle beträgt knapp drei Zentimeter auf einen Kilometer.

Nicht die Uhr, die Sonne oder der Mond bestimmen hier die Zeit, sondern der Fluß. Um das zu verstehen, muß man auf dem Fluß leben. Ein Boot schafft etwa 150 Kilometer am Tag, und der Amazonas hat eine Länge von 5000 Kilometer. In diesem Gebiet, siebenmal so groß wie Deutschland, leben kaum mehr als vier Millionen Einwohner. Im Norden beträgt die Bevölkerungsdichte nur drei Menschen auf einen Quadratkilometer. Diese Daten sind wichtig, um die weiteren Zusammenhänge unserer Geschichte zu verstehen: Warum sich hier jemand vierzig Jahre lang verstecken, eine auffällige Station erbauen konnte, ohne daß ihn die Spürhunde all der Kopf- und Prämienjäger entdeckten. Außerdem gibt es noch die FUNAI, die vor ungebetenen Eindringlingen schützt. Denen ist es nämlich ziemlich Wurscht, ob sich unter den Indios auch ein paar Alt-Nazis verstecken, die etwa von einem Büro aus Wien gesucht werden.

Wir rattern auf dem Bootssteg hoch und halten neben einem Berg von Bananen. Die werden auf einen Dampfer verladen. Im öligen Wasser dümpeln mehrere Schiffe und kleine Boote. Eines davon soll uns weiter verfrachten. Schläfrig läuft hier der Betrieb. Eine Gruppe von zerlumpten Männern spielt Karten, ein paar halbwüchsige Jungs schleppen Kisten, einige Dorfleute mit Kindern warten apathisch auf irgend etwas. Sie dösen oder starren geistesabwesend zum Ufer gegenüber. Sogar zum Rauchen sind sie zu faul – oder viel zu arm, um sich Zigaretten leisten zu können. Dann schon lieber Schnaps.

Apuca Anju hat unseren Fährmann gefunden. Er legt zwei Bretter vom Bootssteg zu seinem Kahn, kaum breiter als die Reifen unseres Jeeps. Apuca fährt vorsichtig drauf, ein circa zehnjähriger Knabe dirigiert ihn: Mehr links, noch mehr links, und dabei schaut er gar nicht hin. Erst als das linke Vorderrad fast frei in der Luft hängt, macht er ein kaum sichtbares Zeichen mit dem Daumen: Mehr nach rechts. Die Bretter biegen sich bedrohlich, zwischen Ufersteg und Bord gähnt ein Abgrund von gut zwei Metern. Und dann kommt das Wasser. An dieser Stelle sechzig Meter tief.

Das Manöver ist gelungen, wir legen ab. Bald bekommen wir verspielte Begleiter, Süßwasser-Delphine. Links und rechts von unserem Kahn springen sie auf, als wären sie auf die Passagiere neugierig. Außer Mike, ich und Apuca Anju sind noch vier Männer an Bord, dann der Steuermann und sein Sohn.

Alle starren schweigend auf eine Linie: auf der einen Seite braun, auf der anderen schwarz. Der Zusammenfluß von Rio Solimoes und Rio Negro.

Die Dieselmaschinen unseres Kahns legen einen Zakken drauf. Mit Vollgas tuckern wir nun links an den zwei letzten Stationen der Zivilisation vorbei: Coreiro und Arnana. Die nächste größere Ansiedlung ist zwei Tage Flußfahrt entfernt. Wir haben genügend Vorräte an Bord. Trinkwasser, Bohnenkonserven, in einer Kiste liegen Ananas, Bananen, Melonen. Und mit Petrolgestank gemischt, duftet frisches weißes Stangenbrot. Das Frühstück für morgen.

Wir beginnen uns auf die Bootsfahrt umzustellen. Erst mal werden Hängematten ausgespannt. Und wo ist die Toilette? Der Steuermann deutet zum Heck. Hinter einem Kabinenaufbau ist noch eine kleine Bretterwand in Brusthöhe. Am Boden klafft ein Loch, die Rückwand fehlt. Aus der Hocke hat man einen ungestörten Blick in die Natur und der Fluß spült alles weg. Trotzdem stinkt es stechend.

Wir nippen an der Cola-Dose, Alkohol gibt es nicht mehr. Nur für den Abend brachte Apuca Anju einen Kasten voll ›Antarctica‹-Bier. Unser Häuptling hat überhaupt für alles gesorgt: Moskitonetz, Geschirr, Proviant, Medikamente und Verbandszeug. Im Jeep ist auch eine Winchester und zwei Colts, Buschmesser, meine Kameratasche und Privatgepäck. Tja, was haben wir geleistet?

Ich denke an Denise, Rajuza, das Motel mit dem Wasserbett, den Sex-Film. Habe davon nichts gesehen, aber Moment mal, sprach man da nicht etwa deutsch? Richtig! Und wenn ich mich genau erinnere, war es ein RIBU-Film, vom Hamburger Porno-König Werner Ritterbusch. Mensch, wird der sich freuen, wenn ich ihm das berichte. Seine Streifen laufen sogar in Manaus, das hat nicht mal der Faßbinder – Gott hab ihn selig – geschafft.

Da merkt man erst, wer in Wirklichkeit den internationalen Film repräsentiert: Silvester Stalones Amerika mit Rocky und Rambo; und West-Germany ist mit RIBU bestens vertreten. Als Markenzeichen behalten hier die attraktivsten Damen auch in eindeutigsten Lagen grundsätzlich noch ein bißchen was an. Strapse, Strümpfe, Spitzenhöschen, die zartesten Negligés. Würde RIBU im Amazonas ein Sex-Abenteuer drehen, spinne ich meine Gedanken weiter, würden seine Darstellerinnen unter der groben Buschbekleidung sicher die feinste Seide tragen. Und sollten sie von Indios an den Marterpfahl gebunden werden, würden sie niemals nackt, sondern in Traumwäsche von La Perla oder Irma la Douce gefesselt sein.

Schade, daß Denise und Rajuza nicht hier sind. Zumindest noch auf dem Kahn hätten sie uns beglücken können. Mike reißt mich aus meinem Sinnieren: »Weißt du, wie alt deine Rajuza war?«

Erstaunlich, was für eine Übereinstimmung wir schon erreichten: ich überlegte das gleiche. Diese Rajuza flatterte mir tatsächlich wie ein Gespenst über den Weg. Ich habe sie gar nicht richtig angeschaut, ich weiß gar nichts über sie. Aber Mike. Der ist bestens informiert.

»Hast ein ganz schönes Miststück erwischt, mein Lieber«, fängt er an.

»Wieso?«

»Erstens ist sie ziemlich alt, Mitte Dreißig, und war schon viermal verheiratet.«

»Na und?«

»Um in der Welt rumgondeln zu können, hat sie drei Männer total verhext: Einen Kanadier, einen Engländer und einen Schweden.«

»Und jetzt ist sie wieder geschieden?«

»Nein, mit einem reichen alten Knacker in Manaus verheiratet.«

»Sauber, aber irgendwie überrascht es mich kaum. Vor allem erklärt das, warum sie am Morgen so schnell verschwand. Nur – warum arbeitet sie als Stewardeß?«

»Weil sie auf einen Deutschen aus ist. Sie will unbedingt zum fünftenmal heiraten und in Deutschland leben.«

Frauen-Exportland Brasilien. So erobern sie die ganze Welt. Nur weil alle Männer davon überzeugt sind, daß die Brasilianerin etwas besonderes in Sachen Liebe ist. Was Italien für die Fußballer, für Indien die Gurus, sind Frauen für Brasilien. Götter. Und die Brasilianerinnen wollen hoch hinaus. Wie Rajuza.

Aber was erfahren sie dort oben im Parnaß? Kanada, in dieser Eisglocke geht man mit Pelzmantel ins Bett. In England versauert man bei Fish & Chips, und in Schweden gibt's nicht mal was ordentliches zum Saufen. Nur Aquavit, der nach aufgelösten Hustenbonbons schmeckt. Prost, pfui – aber es gibt ja noch die Piefkes. Deutschland als letzte Hoffnung. Ein Junggeselle mit Porsche und Winterurlaub in Kitzbühel, St. Moritz, Gstaad. Wenn alles gut geht, Urlaub auf Ibiza. Danach weiß man es bestimmt: Das Glück der Erde liegt in Manaus. Im Hotel ›Sagitario‹, auf dem runden Wasserbett bei einer Schlacht mit Mayonnaise-Sandwichs. Die patscht man sich ins Gesicht, auf den Bauch und die Brust; eins fliegt garantiert auf die Bildröhre, wo gerade ein Pärchen Sex macht. Mamma mia. Gibt es sonst noch überhaupt was erlebenswerteres? Offenbar nicht, denn Leute, die in Liebe, Laster und Leidenschaft keine Erfüllung finden, suchen sie auch in geistigen Sphären vergeblich. Es entstehen nur grausame Pläne von Welteroberungen, Kriegen, es kommt Unterdrückung zustande und Ungerechtigkeit, weil irgendwelche Hormondrüsen aufs Kleinhirn drücken. Bestimmt, ich könnte nach der heutigen Liebesnacht nicht mal einer Fliege was zu Leide tun. Ich bin rundum mit mir und der Welt zufrieden.

Derweil schaukelt mich die Hängematte ins Traumland. Ich beobachte noch zwei Moskitos der Gattung Mata-Matas. Im Huckepack kreisen sie über mir. Einer will sich auf mich stürzen. Aber welcher? Offenbar sind die beiden Moskitos schwul, denn statt zuzustechen, drehen sie weiter ihre neckischen Summ-Summ-Runden. Bis sich der Sozius von seinem Tandem löst und sich im Kamikaze-Flug auf mich stürzt. Auuu!!! Der Stich ging direkt in den feuchten Hals. Diese Mata-Matas reißen richtige Krater in die Haut, aus denen Blut tropft. Die nächste Bohrung trifft in eine Quetschfalte am Arm, und die übernächste in die Speckschwarte am Bauch durch das Baumwollhemd, die folgende in den Oberschenkel durch den harten Jeansstoff. Jetzt bin ich wieder hellwach. Ob mein Anti-Mücken-Öl was nützt? Jedenfalls schmiere ich damit die Bohrlöcher ein – und habe Rajuza ganz vergessen.

Die Abenddämmerung am Amazonas ist ein Zauberspiel von Licht und Schatten. Erst verfärbt sich der grüne Urwald. Über dunkelgrün zu tiefschwarz. Dann verlängern sich die Schatten, kriechen über den glatten Wasserspiegel bizarr wie Haifischzähne zu unserem Kahn heran.

Der Käptn, mit Spitznamen übrigens Coelho, das heißt Kaninchen, wegen seiner vorstehenden Zähne, zündet eine Petroleumlampe an. Die untergehende Sonne vergoldet den Fluß, und mit den letzten roten Strahlen setzt sie ihn in Brand. Wie glühendes Magma wälzt sich der Strom – und wir haben Glück, daß unsere Expedition nicht in der Regenzeit verläuft. Denn sonst würden wir jetzt bis zur letzten Faser durchnäßt in einer Wasserhöhle kauern.

Inzwischen haben wir erfahren, wer diese vier mitfahrenden Männer auf dem Kahn sind. Vier Goldsucher, die ebenfalls zur nächsten Stadt wollen. Einer ist Kanadier, die anderen drei örtliche Garimpeiros, vom Kanadier angeheuert. Gibt es tatsächlich da oben noch soviel Gold?

John, der Kanadier, gerät ins Schwärmen: »Jeden Tag siebzig bis hundert Gramm.«

Später erfahren wir, daß der Kanadier schon ein ganzes Vermögen verpraßt hat. Glücksspiele sind seine Leidenschaft. Und dann Frauen. Sein Geheimtip lautet: Sao Paulo, die Sauna ›Liberty Plaza‹ in der Rua Pedrosa ist das Liebesparadies schlechthin. Ein von außen unscheinbares Haus, innen wie eine spanische Hazienda rustikal eingerichtet. Im Empfangssalon sitzen vierzig bis fünfzig Frauen. Von den schönsten Mulattas bis zu den platinblonden Mineiras, skandinavisch hochgewachsenen Mädchen aus Belo Horizonte, der Hauptstadt des Bundesstaates Minas Gerais.

Diese Rasse verbindet die Vorzüge von brasilianischem Temperament mit europäischen Gesichtsmerkmalen. Auch der berühmteste Schönheitschirurg der Welt, Ivo Pitanguy, beschäftigt mit Vorliebe in seiner Praxis diese majestätisch-stolzen Frauen aus Minas Gerais. Auf hohen Absätzen marschieren sie um ihn herum wie eine Paradegarde von Sekretärinnen, Assistentinnen, Sprechstundenhilfen. Ihre leicht arrogante Überheblichkeit gehört zu ihrem Charme, macht sie etwas distanziert. Ihre Haltung ist etwa mit dem Pariser Eifelturm vergleichbar.

Und schon sind wir mitten im Fachsimpeln. Denn John entpuppt sich als absoluter Kenner, aber wir widersprechen ihm, denn Mike und ich sind Mulatta-Fans. Wir sind von den knackigen Samba-Popos hingerissen.

John weiß was Besseres: wenn schon farbige Frauen, dann Mischlinge von Indianer-Blut. Man trifft sie in Bahia, Belém oder hier in Manaus. Und dann bestätigt er uns: die Manuvaresinnen sind die besten, leidenschaftlichsten, enthemmtesten, wildesten, unersättlichsten Liebhaberinnen der südlichen Hemisphäre.

Im übrigen ist John nicht irgendein gestrandeter Goldsucher, sondern ein Tausendsassa aus Toronto, der in seinem Leben echtes Kino verwirklicht. Er war Kellner, Schauspieler, Zeitungsverleger, Restaurantbesitzer in Florida, Rennfahrer, Reiseleiter, Masseur bei einer Millionärin, Werbefachmann und Barkeeper. John spekulierte an der Börse und handelte mit Edelsteinen, er sondierte für eine Schweizer Immobilienfirma Grundstücke in Brasilien und geht jetzt auf Nummer Sicher: Vor einem Jahr entdeckte er eine Goldader im Amazonas. Die machte ihn steinreich, aber jetzt ist alles futschikato. Was soll's? Schön war's, der Champagner und die Orgien. Was er im letzten Jahr erlebte, das schaffen andere nicht mal in drei Generationen, sollten sie tatsächlich dreimal auf die Welt kommen. Und daran glaubt John nämlich überhaupt nicht. Bei ihm zählt nur der heutige Tag. In drei, vier Tagen ist er wieder bei seiner Goldader. Er ist sogar davon überzeugt, daß er sie wiederfindet – so wie er John Belton heißt, so wie er ein Glückspilz ist.

Die Weiber freilich wird er in der nächsten, verdammt und trostlos harten Zeit im Urwald vermissen. Aber andererseits: »Gold, Glück, Wein, Weiber und Gesang – man kann im Leben nicht alles haben.«

Fürwahr. Aber erstmal gibt es einen Fisch. Drei Stück haben an unserer Schleppangel angebissen, und Käptn ›Kaninchen‹ zog sie schnell genug aus dem Wasser, bevor sie zum Fraß für Piranhas wurden.

Das größte Exemplar der Beute war ein Tambaqui-Fisch. Fast einen Meter lang. Käptn ›Kaninchen‹ hat ihn filetiert, leicht in Maniok-Mehl paniert und in der Ölpfanne gebraten. Ich knabbere gerade an dieser Kruste, die wirklich köstlich schmeckt, da merke ich, wie Apuca Anju mich mit veränderten Augen anschaut. Viel freundlicher als bisher. Nach dem Essen reichen wir uns die Bierdosen. Schon lauwarm, denn das Eis in der Styroporkiste ist geschmolzen.

Es ist erst sieben Uhr abends, aber bereits ganz dunkel. Die Dieselmaschinen arbeiten dumpf. Wir legen uns in die Hängematten. Aber vorher sagt Apuca Anju noch zu mir: »Sie sind doch kein Gringo.«

»Wie kommen Sie darauf?« frage ich verwundert.

»Sie haben den Fisch mit der Haut gegessen«, antwortet Apuca Anju.

Ich verstehe nicht ganz, was er damit meint: »War doch sehr delikat, das Beste am ganzen Fisch.«

»Sehen Sie«, erklärt er es nun genau: »Touristen essen hier auch Fisch, aber sie lassen die Haut auf dem Teller. Es sind eben Gringos, die keine Ahnung vom Amazonas, von der Natur, von Fisch und von uns Leuten hier haben.«

»Ach so ist das«, begreife ich jetzt. Und Apuca Anju reicht mir die Hand. Er drückt sie fest und mir kommt es vor, als wären wir Winnetou und Old Surehand: So schließt man Freundschaft. Im Amazonas.

Auch Mike wird Apuca Anjus Wertschätzung zuteil. Auch er hat die Fischhaut gegessen. Zum Glück. Jetzt brauchen wir also die Wildnis nicht mehr zu fürchten.

Der Himmel ist sternenlos. Der Mond hat sich hinter den Wolken versteckt. Trotzdem erkennt man die Ufer schemenhaft. Das monotone dieseln schläfert bald ein. Es ist wirklich komisch, aber schon wieder erscheint mir eine Frau. Sie schlendert erst übers Deck, wartet ein wenig und schreitet dann langsam auf mich zu. Sophia Loren. Ein Traum? Schon wieder eine der im Amazonas so wuchernden Formen von Sinnestäuschungen. Das Verrückteste daran ist, daß es die Sophia Loren wirklich gab. In Rio.

Die Ähnlichkeit war mehr als verblüffend. Als ich sie erblickte, ging ich wie ein Mondsüchtiger sofort auf sie zu und sagte spontan: »Sophia, ich liebe dich!«

Sie hieß Marcia und arbeitete in dem schmalsten Puff der

Welt. Eine Nudel von einem Hochhaus war es, neun Stockwerke mit jeweils zwei Zimmern nach vorn und zwei nach hinten. Ein rohrenger Korridor, Wendeltreppe für einen indischen Fakir, wo man sich stets so fühlte wie mit einer Bigband zusammen in der Telefonzelle. Diese Tuchfühlung brachte einen auf Touren in dieser ›Termas 65‹, in einer Seitengasse der Avenida Branco. 35 ›Receptionistas‹ in elastischen Turntrikots sprangen wie Flöhe in der Streichholzschachtel rum. Im ersten Stock dampfe eine Sauna, darüber lärmte die Samba in einer Brasil-Bar, Striptease und erotisches Ballett auf spitzen Pfennigabsätzen, überall Gedränge wie in der U-Bahn zur Stoßzeit.

In der nächsten oberen Etage Tschaikowski, auf Wunsch klimperte der Pianist auch Sinatras ›Strangers in the Night‹. In Pariser Korbstühlen genoß man Cuba Libre, gekrault von einer der dienstgeilen ›Receptionistas‹. Ich lümmelte mich im luftigen Bademantel, total verknallt in Marcia alias Sophia Loren. Ihr nach hinten geknotetes Haar glänzte wie die Federn von Rabenflügeln, und bei jedem Atemzug erbebte ihr Brustkorb, der Vulkan von Vesuvio.

Es war mir nicht nur ums Herz warm, es wurde mir überall so heiß, daß ich anschließend meine Sophia aus dem Saunaclub auslöste und zum Essen ausführte. Sie bescherte mir eine köstliche Nachspeise unterm Tisch und zog in einem Hotel den Teppichboden dem Bett vor – wegen ihrer besonderen Gelenkigkeit für spezielle Positionen und Turnübungen. Gerädert, aber glücklich, nahm ich sie am nächsten Morgen in den Arm, hauchte nur: »Sophia, meine fantastische Sophia Loren« – und schon stand ich auf, um mit ihr über neue Wogen der Liebe zu schweben.

»Ach, Sophia, was für leidenschaftliche Stunden das waren.«

Und sie rief noch tagelang an, meldete sich am Telefon gleich: »Ich bin's, Sophia Loren.«

Aber da hatte ich schon eine Marilyn Monroe verführt und eine Catherine Deneuve und ein halbes Dutzend Donna Summers, Vanity Fleurs und Grace Jones. Eine Shari Belafonte fand ich und zwei, die genauso aussahen wie

Diana Ross: Eine hieß Melba und die andere Millie. Und weil ich mich nicht entscheiden konnte, nahm ich sie beide, so großzügig wurde in Rio mein Herz.

Doch die nächsten drei Tage den Amazonas aufwärts begleiteten mich die Erinnerungen an Sophia Loren. Im Traum, beim Aufwachen, bei Moskito-Stichen und sogar bei bestimmten unerläßlichen Verrichtungen mußte ich an sie denken. Dinge, die nicht zu erklären sind.

Die nächsten drei Tage vermitteln auch ein perfektes Fitzcarraldo-Feeling. Um den Amazonas zu verstehen, muß man auf ihm leben. Die flache Uferlandschaft geht bald in hügeliges Gelände über. Aus der undurchdringlichen Botanik flöten, brüllen, bellen, kläffen, singen, schwirren tausenderlei Geräusche. Der größte Natur-Synthesizer der Welt.

Zwischendurch erblickt man kurz im Dickicht Ameisenbären, Affen, Jaguare und Tapire. Die letzteren sind eine lustige Tierart, sie sehen etwa so aus wie viel zu groß geratene Hamster. Einer folgt uns auf einem ziemlich langen Flußabschnitt. Es gibt viele Süßwasser-Delphine, sie sind sehr neugierig.

Im Geiste begleiten mich Arien aus italienischen Opern. Ich höre Carusos Stimme aus dem Busch klingen. Die starken Eindrücke, die seinerzeit bei mir der Film ›Fitzcarraldo‹ hinterließ, werden lebendig. Klaus Kinski in der Hauptrolle. Ein wirklich großartiger Film. Gigantisch, was der Regisseur Werner Herzog vollbrachte, in dieser Wildnis mit hunderten von indianischen Komparsen einen Dampfer über den Berg zu schleppen! Als Regisseur im Alleingang ohne Hollywood-Millionen im Rücken und ohne ein Spielbergsches Superteam. Ich nehme mir fest vor, diesen Film nochmals anzuschauen. Jetzt werde ich ihn mit ganz anderen Augen sehen.

Bei einigen kurzen Halts wird der Motor repariert. Er streikt öfters. Wir vertreten uns die Füßen inzwischen im Urwald. Ich bin überrascht, es ist eigentlich sehr schön im Schatten der hundertjährigen Bäume. Apuca Anju bringt uns die wichtigsten Dschungelregeln bei: Nichts anfassen. Keine Äste berühren. Auf der von uns abgewandten Seite könnte ein Skorpion schlafen. Nicht auf morsche Bäume steigen. Im Hohlraum könnten Spinnen, Feuerameisen, Schlangen hausen.

Apuca Anju klopft den Pfad mit dem Buschmesser ab. Das verscheucht die Schlangen und sonstige Reptilien. Wir sammeln Paranüsse. Der Urwald ergibt eine köstliche Vorratskammer der Natur. Die frischgefällten Palmenherzen schmecken delikat wie in den besten Restaurants von Rio, nur Öl und Essig fehlen. Aus den Lianen kann man kühles Wasser zapfen. Eine herrliche Quelle. Wir treffen auch einige Goldgräber. Sie sieben an primitiven Waschanlagen den grobkörnigen Sand. In der konusförmigen Kupferpfanne bleiben die Goldkörnchen hängen, manchmal so groß wie der Nagel am kleinen Finger.

Die Goldgräber begrüßen uns freundlich und zeigen uns Giftpfeile. Sie berichten von Indianern: Rothaarig, mit blauroter Bemalung. Man muß vor ihnen sehr auf der Hut sein, besonders wenn sie mit geschwärzten Gesichtern aufkreuzen: Sie glauben sich damit unsichtbar zu machen, und greifen unvermittelt an.

Nach dem dritten Tag trennen wir uns in einer kleinen Siedlung von John und seinen Garimpeiros. Wir feiern kurzen Abschied in einer Saloon-Bar mit Schwingtüren. Ein Stück Western-Romantik, natürlich sehr verdreckt und vergammelt. Aber es gibt auch durchaus hübsche Prostituierte, sonst nur betrunkene Indios. Draußen patrouillieren Militärposten der FUNAI. Schwere Colts baumeln an ihren Schenkeln. Einer von den Posten spricht gebrochen Deutsch, behauptet auch, deutscher Abstammung zu sein.

Unsere Dokumente werden sehr sorgfältig geprüft. Es gibt sogar ein Telex in der FUNAI-Station. Unsere Namen stehen auf der aus Rio durchgetickerten Liste. Mike hat tolle Arbeit geleistet. Er hat tatsächlich alle Formalitäten richtig erledigt, wir dürfen weiterfahren.

In dieser Pioniersiedlung lassen wir auch unseren Jeep und das Gepäck zurück. Die FUNAI wird schon gut aufpassen. Für zehn Dollar kann man sich eine ganze Wacharmee kaufen.

Nur mit den notwendigsten Sachen steigen wir in ein Kanu um. Am nächsten Vormittag passiert ein Unfall, bei den Stromschnellen geraten wir in einen Wirbel. Das Kanu kippt, und es gelingt mir gerade noch, meine Handtasche mit den wichtigen Notizen und Unterlagen rauszufischen, aber die Kameratasche, in einer Styroporkiste verpackt, treibt in wilder Strömung davon. Dieser Verlust ist sehr ärgerlich. Nicht wegen der ziemlich gebrauchten NIKON-Ausrüstung, aber daß ich nicht mehr die Möglichkeit habe, wichtige Fotos zwecks Dokumentation zu schießen.

Sollte ich höchstpersönlich dem auferstandenen Führer begegnen, wird es mir niemand abkaufen. Ich habe ja keine Bilder davon. Dieser Verlust nagt schwer an meiner Stimmung. Über den Stromschnellen müssen wir uns stark ins Zeug legen und paddeln. Bald sind meine Hände voller Schwielen. Nichts für einen Schreibtischtäter, aber den Dschungel muß man erobern. Nur nicht schlapp werden. Die Paddelei zermürbt. Außerdem haben wir auch unseren Proviant verloren. Mit Paranüssen kann man mich künftig jagen...

Endlich, nach zwei anstrengenden Tagen, eine Hütte am Flußufer. Der Bootssteg scheint leer zu sein. Doch der Schein trügt. Kaum treiben wir auf Schußnähe ran, springen zwei bewaffnete Männer hervor. Es sind Indios vom Stamm der Ugha Mongulala. Man erkennt sie deutlich an ihren niedrigen Stirnen und den aufgeblasenen Hamsterbacken. Die zwei machen trotz ihrer Papaya-Köpfe einen erstaunlich zivilisierten Eindruck.

»Bataka nakumuri«, ruft unser Häuptling ihnen zu, dann wirft er die Bootsleine. Wie ein Lasso schlingelt sie in großem Bogen. Die beiden Wachposten fangen sie auf. Ein gutes Zeichen, demnach erwartet man uns. Mike markiert den Profi: »Es gibt hier zwar kein Telefon, aber die Nachricht hat sie doch erreicht. Unser Verbindungsmann in Manaus hat gut gearbeitet. Per Funk hat er das Lagerkommando der Gräfin Slavski benachrichtigt.«

Die Khaki-Uniformen der beiden Indios und die schweren Colts an ihren Patronengürteln verraten die paramilitärische Organisation sofort. Ohne Begrüßung wird stumm das restliche Gepäck verladen. Wir marschieren los. Ein schmaler Pfad im Urwald. Der Boden, gepolstert mit dicker Laubschicht, federt unter jedem Schritt.

Es dauert kaum zehn Minuten und wir erreichen einen See, dunkel, tief, umsäumt von undurchdringlicher Vegetation. Was sich mitten auf der Wasseroberfläche abzeichnet, mutet wie eine Vision an. Wie ein gestrandetes, halbversunkenes Raumschiff sieht es aus. Doch als wir mit einem Motorboot hinstarten, nimmt es Wirklichkeit an.

Auch das Boot, das wir benutzen, ist für diese Gegend ungewöhnlich. Zwei Außenborder von Volvo Penta treiben es mit gut 500 PS-Stärke an. Wir schießen wie ein Pfeil über den Wasserspiegel, eine gischtende Fontäne nachziehend. Die drei- bis vierhundert Meter sind in ein paar Sekunden zurückgelegt, und wir drehen vor einer Landebrücke bei.

Dieser Amazonas-Bungalow, alles aus Holz gezimmert, dürfte etwa zwei Stockwerke hoch sein. Oben zeichnen sich ab: Ein Deck und mehrere Kommandobrücken. Der erste Stock ist von Terrassen durchlöchert, und unten am Wasser dümpeln angekettet kleine Barken, durch Laufstege miteinander verbunden. Es sieht aus wie eine große schwimmende Bühne für irgendein Science-Fiction-Stück.

Keine Menschenseele ist zu sehen. Halten alle ein Mittagsschläfchen oder ist die Anlage eine Geisterburg?

Wir klettern auf die Landungsbrücke, und rundum wirkt auf einmal alles freundlicher. Schattige Veranden laden ein, mit Hängematten, Tischen und Bänken, vom Dach hängen Kalebassen herab. Dem Volksmund nach sind das die Häute der Jungfrauen, die sie auf dem Weg zum Frauwerden verloren haben. Sie bleiben auf der Erde liegen und blähen sich im Regen auf.

Tatsächlich ist es ein Kürbisgewächs mit harter Schale, das nützliche Verwendung findet als Dekoration, Behälter,

Trinkbecher und Musikinstrument. Gefüllt mit groben Sandkörnchen entstehen daraus jene berühmte Rasselkeulen, ohne die kein Samba-Motor brummt.

Ich bestaune gerade die Verschiedenartigkeit dieser Kalebassen, als mich der Schreck wie eine Tarantel sticht.

»Heil Hitler!«

Ich drehe mich um und bleibe wie angewurzelt stehen: Vor mir hebt ein Mann in Führerpose den Arm, als stünde er auf der Reichstribüne. Der Mann ist unglaublich blond, mit noch unglaublicher stahlblauen Augen. Ich bin mir fast sicher: das muß der Bruder von NAZI-Peter sein.

Das Alter stimmt, circa 45 Jahre, obwohl die Tropen tiefe Falten in sein Gesicht kerbten und die Haut hier schneller altert. Auch sonst ist seine Ähnlichkeit verblüffend, Haltung, Redeweise und sogar der Tonfall.

»Ich heiße Orlando und leite diese Station. Wir versuchen, hier die Welt vor dem Untergang zu retten – mit einer neuen Menschenrasse, die es versteht, ihre gesamte Hirnkapazität zu gebrauchen und vernünftig mit dem Universum im Einklang zu leben. Hier am Amazonas befindet sich die Wiege der Menschheit, von hier aus kann auch die Menschheit gerettet werden. Wir haben inzwischen erstaunliche Fortschritte erreicht, deshalb haben wir auch beschlossen, unser Geheimnis zu lüften. Meine Herren, ich heiße Sie willkommen, Sie sind die ersten Fremden, die unsere Station besuchen dürfen.«

Orlando reicht mir und Mike die Hand. Den Häuptlingssohn Apuca Anju übergeht er achtlos und verblüfft uns aufs Neue: »Meine Herren, die Sauna steht für Sie bereit.«

Moment mal, höre ich richtig: »Sauna?«

Orlando amüsiert unsere Verwunderung: »Es ist die beste Art, sich in diesem Klima zu erfrischen. Die kalte Dusche wirkt höchstens paar Minuten, aber nach einem heißen Dampfbad fühlt man sich wie neugeboren.«

Die zwei Indio-Bewacher treten nun wortlos ab. Auch Apuca Anju verabschiedet sich: »Wir sehen uns später, ich habe jetzt zu tun.«

Wir folgen Orlando. Er führt uns durch eine schlichte

Holztür ins Innere des schwimmenden Hauses. Wir betreten ein schmales Vorzimmer, ebenfalls ganz aus Holz. Orlando weist uns zwei Schlafkojen zu und zeigt auf eine dritte Tür: »Das ist die Sauna. Sie werden sehen, ich habe nicht zu viel versprochen. Danach erwarte ich Sie zum Abendessen. Wir essen hier sehr früh und gehen auch früh schlafen. Wir richten uns völlig nach der Natur.«

»Um wieviel Uhr gibt es Abendessen?« fragte ich höflichkeitshalber, damit wir uns vor dem ›Führer‹ nicht verspäten.

Orlando lächelt sanft: »Sie werden schon den richtigen Zeitpunkt selbst herausfinden, richten Sie sich nur nach Ihrer inneren Uhr. Kommen Sie, wenn Sie sich fit fühlen und Hunger verspüren.«

Schon der erste Dampfstoß wirkt Wunder. Wir sitzen in einem weißgekachelten Bad. Die Strapazen fallen wie weggestreift von uns. Diese Art zu schwitzen ist ganz anders als draußen im Dschungel. Es entspannt, man spürt, wie sich die Poren öffnen und der Körper sich auslüftet. Der Schweiß perlt und kühlt.

Plötzlich erscheint Apuca Anju. »Wo ist eine Dusche?« fragen wir gleich, wir fanden nämlich keine. Apuca Anju zeigt auf eine Tür, was uns etwas verwundert.

»Hier? Dahinter ist doch der See.«

»Richtig. Sie können ruhig drin baden.«

»Und die Piranhas?«

»Keine Angst. Wenn man keine blutige Wunde oder rote Badehosen hat, kann nichts passieren.«

Bisher war auf Apuca Anju Verlaß, aber jetzt mustern wir ihn sehr skeptisch. Steckt etwa ein hinterlistiger Trick dahinter, um uns auf bequeme Weise loszuwerden? Vielleicht will man uns in den Fluß voller gieriger Piranhas locken, irgendwo um die Ecke lauert dann ein Indio mit einem blutigen Fleischtopf, wirft ihn in die Tiefe, und dann stürzen sich diese Hyänen des Wassers auf uns.

Apuca Anju will offenbar unsere Zweifel zerstreuen, streift schweigend Hemd und Hose ab und springt kopfüber in den Teich.

Okay. Wir hechten hinterher. Fabelhaft. Weich wie Seide umschmeichelt das Wasser unsere Körper, einer frischen Brise ähnlich; das Wasser scheint sich zu molekularisieren, in Bestandteile von Hydrogen und Oxygen, und wir atmen drin wie Amphibien. Ein Vogel im Wasser, ein Fisch in der Luft. Mike spuckt nach Delphinart eine Wasserfontäne hoch: »Hätte nie gedacht, daß unser Urwald-Abenteuer mit Sauna und Schwimmen beginnt.«

Ein kribbeliges Gefühl, denn Apuca Anju warnt dann doch: »Ganz nah zum Ufer soll man nicht schwimmen, dort können Kaimane lauern. Es sind zwar Nachtbestien, aber trotzdem...«

Die nächste Überraschung wartet auf uns bei der Rückkehr in die Sauna. Barfuß, in weiße Leintücher gehüllt, lächeln uns zwei Indio-Frauen entgegen. Keine besonderen Schönheiten. Kurze Haare, grobschlächtige Gesichtszüge, die Nase von Anden-Adlern. Sie fordern uns auf, die Holzbänke zu benutzen. Bäuchlings, mit ausgestreckten Armen und leicht gespreizten Beinen legen wir uns darauf. Eine etwas neckische Frosch-Pose, aber so wird's verlangt.

Dann beginnen die Indio-Frauen mit den Händen die Waden zu kneten, während sie mit ihren festen Schenkeln auf unseren Rücken kreisen. Aha, wohl eine Indio-Massage. Aber in seltsamer Position. Der Kopf der Indio-Frau befindet sich bei den Füßen des Mannes, sie liegt auf ihm, und die Massage-Tätigkeit läßt sich am ehesten mit einer Mischung von Trockenschwimmen und Radfahren vergleichen. Auf jeden Fall kommt dabei der ganze Körper zum Einsatz. Alle Muskelpartien werden gründlich bearbeitet.

Bevor mein Puls auf 180 hinaufschießt und die Glocke wie beim Jackpot schrillt, klatscht die schwielige Hand des Indio-Weibes auf meinen Hintern:

»Vira« – Umdrehen.

»Outro lado« – die andere Seite.

Ich liege auf dem Rücken. Nun radelt die Bodypflegerin mit ihren Schenkeln über mich weg bis zum Becken. Die Milchstraße erstrahlt vor mir, die Sterne leuchten, meine Sinneswelt blendet für einige Momente ein Polarweiß. Danach schleichen die Stammes-Masseusen lautlos davon. Wohltuend, daß sie nicht mal Trinkgeld annehmen. Also ein göttlicher Dienst zum Nulltarif.

Mike spricht mir aus der Seele: »Junge, du kannst die ganzen Massagesalons in Bangkok, Burma, Manila vergessen.«

Ich stimme ihm zu: »Sogar die Badehäuser von Taipeh wegschmeißen« – und das ist ein Geheimtip unter Experten schlechthin. Dort werden Grashalme um den Phallus gewickelt, mit aphrodisierenden Essenzen die Pulsadern betupft – aber das erreicht kaum die Wirkung dieser Indio-Praktiken.

Erstaunlich, man fühlt sich nach dieser Behandlung weder gerädert noch leergepumpt. Im Gegenteil: Die Batterie ist mit neuer Energie vollgeladen, der Hormonhaushalt ausgewogen. Mit sich und dem Universum im Einklang meldet sich, wovon schon Orlando sprach: Die innere Uhr.

»Ich habe Hunger.«

»Komisch, wollte ich auch gerade sagen«, antwortete Mike.

Saubere T-Shirts angezogen, nur die Hosen bleiben zerknittert und feucht, brechen wir auf zum Dinner. Apuca Anju begleitet uns. Erst die Treppen nach oben, dann stoßen wir überraschend auf eine eiserne Tür, die erste in diesem Holzbau. Und zwar in einer Ausführung, wie sie bei U-Booten verwendet wird. Verschraubbarer Verschluß, Gummidichtungen, hohe Schwelle.

Wir treten ein. Unsere Schritte widerhallen stählern. Gepanzerte Wände lösen die Holzverschalungen ab. Als wären wir tatsächlich im Bauch eines geheimnisvollen Schiffes gefangen.

Die nächste Tür am Ende dieses kurzen Korridors ist aus Mahagoni. Das Bild, das sich dahinter unserem Auge öffnet, übertrifft jede Fantasie: Ein Salon mit riesigen Spiegeln und Kristalleuchtern. Auf der weißgedeckten Tafel stehen goldene Kandelaber. Und überall hängen rote Hakenkreuzfahnen. Die Stirnseite beherrscht ein lebensgroßes Gemälde des Führers. Unfaßbar.

Ein richtiges Reichskabinett als Operettenkulisse mitten im Urwald. Eine Fantasmagorie.

Es ist für vier Personen gedeckt. Besteck mit SS-Runen, auf dem Porzellan Hakenkreuze. Versteinert betrachten wir diese Szenerie. Apuca Anju wünscht uns guten Appetit und verschwindet. Rätselhaft, aber ich spüre, daß uns kühle Luft umfächelt. Ich kann mich des Gefühls nicht erwehren, daß wir uns auf einem Schiff oder U-Boot befinden. Wir warten gespannt, was weiter passiert.

Es scheinen uns endlose Momente zu sein. Wo bleibt Orlando? Bin ich etwa mit Mike zusammen in die Hände irgendeines Wahnsinnigen gefallen? Werden wir verschleppt und gefoltert? Die Indianer des Amazonas sollen besonders grausame Methoden haben, ihre Feinde umzubringen. Sie schlitzen mit scharfem Messer ihrem Opfer die Sohlen auf und werfen sie mit blutenden Beinen ins Wasser. Den wildgewordenen Piranhas zum Fraß. In Sekundenschnelle wird man bei lebendigem Leibe skelettiert.

In Mikes Gesicht malt sich ähnliche Furcht. Endlich. Orlando tritt ein. Geschniegelt und gebügelt in weißem Hemd und schwarzen Reiterhosen, schwarzer Krawatte und hochglanzpolierten schwarzen Stiefeln. An seinem Bundgürtel glitzert ein Hakenkreuz, in der Rechten schwingt er eine kurze Peitsche. Ob er mit unserem Strandaufzug vorlieb nimmt, oder uns erstmal in weiße Dinnerjackets zwängt?

Ich bedaure unsere verlorenen Kameras. Diese Aufnahmen wären eine Sensation. Weltweit hätte man diese Fotos verkaufen können. In Amerika und Japan wäre das große Geld drin gewesen.

Mensch, ich hätte es geschafft, ich wäre mit einem Schlag reich geworden und könnte mir in Rio so einen Schuppen wie ›Barbarella‹ leisten. Davon träume ich ja insgeheim. Weiß Gott, ich hätte die schönsten Mädchen Brasiliens ausgesucht und einen Super-Laden daraus gemacht. Keine von Zigaretten durchlöcherten Tischdecken, wie sonst in

Rios Nachtlokalen, nicht Bacardi-Cola in Senfgläsern, sondern Champagner ›Prince Imperial‹ aus schlanken Kelchen.

Nur die Show von ›Barbarella‹, die ist in Ordnung, die täte ich komplett abwerben, vor allem die Nummer, in der fünf Mädchen in goldenen Röckchen zu argentinischen Rhythmen trippeln. Die Arme auf dem Rücken verschränkt und mit dem Busen wackelnd. Ein bißchen Zappel-Walz und ein Viertel Polka, ein paar Takte Schuhplattler und ein wenig Tango, mit Samba im Hintern und ungarischem Csardas in den Beinen.

Aus meinen Träumereien weckt mich die energische Stimme Orlandos. »Wie war die Sauna, meine Herren, habe ich etwa zu viel versprochen?«

Mike bricht sofort in überschwengliches Lob aus. Ich schweige erstmal, weil mich dieses Kabinett zu sehr fesselt. Dr. Mabuse, Metropolis oder Kapitän Nemo? Von allen etwas. Und die richtige Vorstellung beginnt erst.

Zwei dunkelhäutige Diener erscheinen. In Livree und mit weißen Rokoko-Perücken. Lustig sehen sie aus, wie Mozart in Black. Aus unsichtbaren Lautsprechern rieselt Musik von Vivaldi. Ich höre Orlandos Ausführungen: »Die Massage, die man Ihnen angedeihen ließ, ist nichts anderes als reine Körperpflege, kultiviert von vielen Indio-Stämmen. Sehen Sie, die ganze Geschichte besteht aus Irrtümern oder Falschinformationen. Fangen wir bei dem Begriff ›französische‹ Liebe an. Jeder halbwegs gebildete Mensch würde annehmen, sie stamme aus Frankreich. Weit gefehlt. Diese Liebespraktik ist den Indios im Gebiet des Amazonas, des Matto Grosso, des heutigen Peru und Kolumbiens seit Jahrtausenden vertraut. Von hochintelligenten Völkern entwickelt, lernten sie europäische Seeleute hier kennen und versuchten sie später ihren Frauen zu Hause beizubringen. Aber es ist niemals so richtig zur heimischen Liebesangewohnheit geworden. Man übermittelte nämlich lediglich die Technik, ohne die mentale Einstellung dazu, ähnlich wie bei dem indischen Kamasutram. Außerdem hängt es sehr mit der Veranlagung zusammen, die Frauen hier lieben es so. Die europäischen Völker leben mit ihrer Sexualität noch in der Steinzeit.«

Es klang durchaus wissenschaftlich. Wir nahmen inzwischen Platz am Tisch, die livrierten Diener brachten ein herrlich geeistes Caipirowska. Das versöhnte mich wieder mit der Umgebung, denn womöglich hätte uns dieser Amazonas-Adolf noch einen total verkorksten Fürst Metternich serviert, nur um seine Noblesse zu präsentieren. Apropos, für wen war das vierte Gedeck?

»Das hätte ich beinahe vergessen«, entschuldigt sich Orlando: »Meine Mutter bedauert ihre Abwesenheit, aber sie ist im Urwald. Sie führt eine höchst interessante Studie über die Faultiere durch. Es ist, wie Sie wohl wissen, eine Gattung von Säugetieren, aber ihre Verhaltensweise ist der Wissenschaft noch völlig schleierhaft. Auch da handelt es sich um verblüffende Entdeckungen, die meine Mutter, Gräfin Slavski, bereits machte.«

»Was ist denn so ungewöhnlich an diesen Viechern?« knüpfte ich an seine Bemerkung an.

»Alles, meine Herren, alles. Faultiere sind die rätselhaftesten Wesen überhaupt. Sie hausen meist in der Krone des Umba-Umba-Baumes, verschlafen den ganzen Tag und werden erst nachts aktiv. Faul wie sie sind, ernähren sie sich von Baumblättern. Am ungewöhnlichsten ist die Weise, wie sie Flüssigkeit aufnehmen. Sie halten ihre Hintern ins Waser und saugen es damit an.«

»Interessant, vor allem wie das funktioniert«, bestätigte ich Orlando gerne, der offenbar diesem Phänomen große Bedeutung beimißt. Mich interessiert mehr, wer noch als vierter in der Runde erwartet wird.

»Vielleicht«, schürt Orlando unsere Neugier weiter, »werden Sie später noch die Möglichkeit haben, der Gräfin zu begegnen. Sie ist eine äußerst ungewöhnliche Frau.«

Prost! Orlando hebt sein Caipirowska-Glas. Statt eines Trinkspruchs meint er: »Dafür wird Ihnen meine Schwester Gesellschaft leisten. Sie stammt im Gegensatz zu mir und meiner Mutter von hier und wurde hier auf unserer Station geboren, als eine der ersten Vertreterinnen der neuen

Rasse, nach rein arischen Forschungsaspekten gezüchtet, ein absolut gelungener Prototyp des neuen Menschen.«

Damit spannt uns Orlando noch mehr auf die Folter. Doch er schlägt vor: »Wir sollten mit dem Essen beginnen. Ich nehme an, meine Schwester ist noch im Samenlabor beschäftigt.«

Die livrierten Diener tragen zwei große Silberplatten auf. Buntes Gemüse auf der einen, auf der anderen Fische. Mit mörderischen Augen blecken sie ihre messerscharfen Zähne, die roten Bäuche wie Luftballons aufgebläht. »Sind es etwa ...?«

»Ja, das sind Piranhas. Probieren Sie ruhig, meine Herren, Piranhas gelten als große Delikatesse.«

Ich nehme vorerst ein Stück: »Wir sprachen vorher von den oralen Liebespraktiken der Indios.«

»Richtig, was man ordinär Blasen nennt, oder französische Liebe«, erwidert Orlando, »müßte eigentlich Mayas Mundkuß heißen oder wörtlich übersetzt Tezca lopoca.«

»Mayas Kußmund klingt schöner«, habe ich das Gefühl und degustiere mich an den Piranhas. Tatsächlich, es schmeckt sehr pikant. Das dünne Fleisch schält sich samt der knusprig gebratenen rotsilbernen Haut leicht von dem massiven Grätenkorb ab. Fast kein Verdauungstrakt, das erklärt auch die große Gefräßigkeit. Die Anatomie einer Beißzange, die zugreift, abbeißt und verschluckt.

»Ob Inkas, Mayas, Tupis, der Stamm der Ugha Mongulala oder Aruak«, erläutert Orlando, »all diese Völker haben längst begriffen, daß es einen Unterschied zwischen Sexualität und Liebe gibt. Und das ist der entscheidende Punkt auch bei der Züchtung eines vollkommenen Menschen. Er muß frei sein von sexuellen Problemen, er darf nicht die Erfüllung seiner sexuellen Wünsche in der Liebe suchen. Die Liebe muß in ethischen Sphären schweben – wie die Liebe zum Vaterland, zu Gott, zu den Mitmenschen. Die Liebe muß zu den großen geistigen Taten beflügeln, während sich die Sexualität rein körperlich kanalisieren muß. Es geht schließlich nur um eine Hormonausscheidung. Wenn es zum Hormonstau kommt, ist es insofern gefährlich, weil dies unser Kleinhirn belastet und unser Denken, Handeln und Reagieren beeinflußt. Begreifen Sie nun, daß der vollkommene Mensch nur dann existieren kann, wenn er von seinen Sexproblemen befreit ist?«

»Sicher«, vertiefen wir uns in die Diskussion, »aber wie steht die Frau zu diesem Problem?«

Orlando fährt in seinem Vortrag fort: »Frauen wie Männer, es ist nicht anders wie in der Tierwelt. Nehmen wir das Pferd: Es gibt das Vollblut, Halbblut, Kaltblut, den Ackergaul, das Brauereiroß, den Galopper, nicht mal jedes Reitpferd ist zur Springdressur geeignet.«

»Und das Zirkuspferd?«

Orlando läßt sich nicht beirren. »Jeder Mensch muß nach seinen Fähigkeiten in die Gemeinschaft eingestuft werden. Dies zu erkennen, gehört zu den Aufgaben einer geistigen Führung. Das Pferd kann von sich aus auch nicht bestimmen, ob es lieber zu Springreitern oder zur Rennstaffel will. Hahaha.«

»Wir sprachen aber von Fellatio«, versuche ich zur Sache zu kommen.

»Darauf will ich hinaus. Grundsätzlich also: die biologische Aufgabe der Frau ist es, für Nachwuchs zu sorgen. Doch innerhalb dieser Bestimmung gibt es eben besondere Fähigkeiten, man muß also erfahren, für welche Rolle sie geeignet ist: zur geistigen Führung, zur Erziehung der Kinder oder eben zu den sexuellen Diensten. Denn grundsätzlich gilt: Sex ist ein Bedürfnis wie Hunger oder Schlaf, manche kommen mit zwei Stunden aus, andere verschlafen ihr ganzes Leben.«

Mike prustet los: »Ich könnte von morgens bis abends bumsen. Das ganze Leben.«

Orlando runzelt zornig die Augenbrauen. Offenbar hält er das für eine unpassende Bemerkung: »Ich will damit sagen«, hebt er zugleich seine Stimme, »daß es innerhalb der neuen Gesellschaft neue Frauen geben wird, die nur für Sexualität zuständig sind.«

»Aber Huren hat es schon immer gegeben, das gilt als das älteste Gewerbe der Welt.«

»Moment, Moment«, protestiert Orlando. »Sie sprechen von Gewerbe, Sex für Geld, ich meine die natürliche Aufgabe der Frau, den Hormonspiegel des Mannes zu regeln. Selbstlos, uneigennützig, ohne Anspruch auf den Mann, ohne Sex als Machtinstrument zu benützen, ohne Anspruch auf Ehe und ohne die bisher übliche Form der Prostitution. Die Frau als ergebene Dienerin des Mannes.«

»Dies käme paradiesischen Zuständen nahe. Eine Gesellschaft, wo man Huren umsonst haben kann, die einem alle Wünsche erfüllen, ich glaube, da könnte ich mich einige Zeit aufhalten.« Da fällt mir noch ein: »Wenn Sie gestatten, Senor Orlando, zu welchem Typ gehört Ihre Schwester? Sie erwähnten vorher, daß sie im Samenlabor arbeitet.«

Orlando nimmt mir diese Frage nicht übel. Im Gegenteil: »Meine Schwester hat ihr Leben bereits der Wissenschaft gewidmet. Sie forscht in der Genetik und leitet unsere Paarungsabteilung.«

»Können Sie's mir näher erklären?«

Orlando: »Ich glaube, das sollte meine Schwester tun, ich will mich nicht in ihren Arbeitsbereich einmischen.«

»Jedenfalls«, resümiert Mike, »wissen wir nun, daß die Indio-Frauen die besten Liebesdienerinnen der Welt sind.«

Ich dachte immer: »Die Brasilianerin macht es am besten.«

Orlando kontert: »Vergessen Sie's. Rein historisch betrachtet waren die Brasilianerinnen früher nur für die Küche zuständig. Die gehobene Klasse ließ sich ihre Mätressen aus Portugal, Spanien und Frankreich holen, weil man eben von den Liebeskünsten der Brasilianerin wenig hielt.«

»Das gibt's nicht«, regt mich diese Behauptung auf. »Wo bleiben die Mulattas? Die halbe Welt ist doch nach ihnen verrückt.«

Orlando schmunzelt: »Touristen, mein Lieber. Die Mulatta ist eine Attraktion für Touristen. Der Haupttrieb der Mulatta ist nicht die Sexualität, sondern Eifersucht. Es sind Muttertiere, die ihr Revier verteidigen und einen Mann voll besitzen wollen. Die Mulatta scheint sexuell unersättlich zu sein, aber der wahre Grund ist, daß sie den Mann erschöpfen will, damit er nicht fremdgeht. Insofern ist die Mulatta schlechtes Material. Herrschsüchtig und besitzergreifend.«

»Und die Inka-Frauen?«

»Sind die geborenen Dienerinnen des Mannes schlechthin. Machen Sie nur eine Reise nach Bogota, und sie werden's erleben.«

Mike stöhnt: »Ich glaube, Orlando hat Recht. Ich habe die gleichen Erfahrungen gemacht.«

»Und?«

»Please come back to Bogota, dort gibt es die besten Huren der Welt«, lehnt sich Mike im Stuhl zurück. Er scheint von diesem Mekka des Lasters überwältigt zu sein.

Schwer abzuschätzen, wohin diese Fachsimpelei weiter geführt hätte. Männergespräche in den Tropen. Zweifellos ist Orlando ein Unikum. Eine Mischung aus Urwald-Guru und Fitzcarraldo, der hier ›Mein Kampf‹ predigt und von Weltherrschaft träumt. Weit weg von der Zivilisation kann er sich's erlauben.

Dieses Nazi-Phänomen, in der Nähe des Okkultismus angesiedelt, wuchert jedoch mächtig in ganz Südamerika. Es wimmelt von kleinen und großen Orlandos, Führern und Gauleitern. Im Copacabana Palace in Rio zum Beispiel gab es einen Liftboy, gut über 70 Jahre alt. Sobald er nur ein deutsches Wort hörte, rief er enthusiastisch ›Heil Hitler!‹ – und hob den Arm hoch. Dann spreizte er den Daumen:»Hitler,tudo bem.»Dabei klang Hitler sehr komisch, weil die Brasilianer das -t- weich aussprechen. Als -tsch-. ›Hitschler‹ – so wie Tischler.

Dafür heimste der alte Lift-Führer oft nicht nur Beifall von den deutschen Gästen ein, sondern kassierte auch viel Trinkgeld. Ein Gebrauchtwagenhändler aus Köln trieb mit dem alten Mann üblen Schabernack. Er ließ ihn auf dem Korridor exerzieren und immer wieder ›Heil Hitler‹ rufen. Jedesmal steckte er ihm 10000 Cruzeiros zu.

Der stramme Nazi-Gruß wurde dem alten Wirrkopf schließlich zum Verhängnis. In einer Nacht schlug er seine Hacken besonders heftig zusammen und hob den Arm zu schnell hoch. Da traf ihn ein Gehirnschlag wie der Blitz. Makabrer Tod bei Morgengrauen in einem Luxushotel.

Solche naive Führer-Verherrlichung ist kein Einzelfall. An der Costa Verde, zwischen Rio und Sao Paulo versteckt in den Bergen, befinden sich mehrere Haziendas, wo man unverhüllt dem Nazi-Kult huldigt. Bewacht von scharfen Hunden der Rasse Pastor alemao (deutscher Schäferhund), und bis zu den Zähnen bewaffnete Gorillas werden Versammlungen von Alt- und Neo-Nazis abgehalten. In Räumen mit Hakenkreuz Dekoration, mit Reichsfahnen und SS-Standarte. In flammenden Reden rückt man das Weltbild zurecht, schmiedet eine neue Philosophie des Universums und redet über Frauen wie Orlando. Der blonde Nazi-Macho als der neue Mann. Manche Experten erklären diesen Unsinn als Abwehr-Reaktion gegen weibliche Übermacht, die auf den Mann erdrückend zu wirken beginnt.

Das brasilianische Matriarchat fordert diesen Macho-Typ heraus, läßt schwächere Individuen umkippen. Homosexualität ist weitverbreitet, der Hang zur Transsexualität ebenfalls. Dafür ist Rio ein Paradies. Den Transis geht es in schärfster Konkurrenz darum, es mit den schönen Mulattas aufzunehmen und zu beweisen, daß ein Mann noch schöner sein kann. Das schönste Geschöpf der Welt, Roberta Close, hat's geschafft, der Transvestiten-König von Brasilien zu sein. Mit perfekt umoperierten Formen, exzentrisch bis zum Exzess, steht er auf Titelseiten der Illustrierten. Mal als Panthera im hautengen Tiger-Bikini – »na guck mal, bei mir ist alles echt« –, dann als Madame Pompadour in Spitzen und Rüschen, mit tiefem Dekolleté, gefüllt mit prachtvollem Busen – und ihre Glatze dazu macht die Schockwirkung perfekt.

Den gleichen Schock, den uns einmal im Morgengrauen eine angeschickerte Mieze einjagte. Aus lauter Geilheit schmiß sie sich auf die Autohaube, enthüllte ihre Pfirsichbrüste und machte die Beine breit. Das Höschen längst verloren, gewährte sie einen horizontalen Einblick. Die Enttäuschung war genauso groß wie die zu besichtigende Körperpartie. Ich dachte an einen Bärenkiller, und Mike, damals auch dabei, sagte nur verächtlich: »Ja mei, schon wieder ein Transi...«

Irgendwie hatte ich es geahnt. Die neue Rasse, gezüchtet im Amazonasbecken, mußte schon von der Tradition her mit Amazonen zu tun haben. Jenen starken Frauen, die sich als Kämpferinnen die Brust abschnitten, um Pfeil und Bogen besser anlegen zu können.

Wir waren noch mitten im Gespräch mit Orlando, da erschien sie. Kühl wie eine Eisprinzessin, geheimnisvoll wie eine Königin. Goldblond, von ungewöhnlicher Größe und unglaublich ebenmäßigen Formen. Gebaut wie Diana, die Göttin der Jagd, mit fester Haut und sanft geschwungenen Hüften. Endlos lange Schenkel und Beine, der Hals liniengerade hochgereckt. Ihre Arme verrieten, daß sie auch kräftig zupacken konnte.

Gekleidet in ein tailliertes weißes Tropenhemd mit hochgekrempelten Ärmeln und eine khakifarbene Militärhose, eng wie eine zweite Haut. Die knöchelkurzen braunen Stiefeletten hatten leicht erhöhte Absätze, das linke Handgelenk umschnürte ein Lederriemchen. An ihrem Hals baumelte eine schwere Silberkette mit einem hellblauen, matten Edelstein, wie eine Sonne in Silber gefaßt. Sicherlich alter Indianerschmuck.

»Meine Schwester Pandora«, stellte Orlando vor.

Sie hält den Kopf hoch. Nur ein leichter Wink zur Begrüßung, kein Händedruck. Pandora erscheint unnahbar wie die goldene Nofretete.

»Worüber habt ihr gerade geredet?«

»Über unsere Aufgabe, über den Lichtmenschen.«

»Ist ja dein Lieblingsthema«, bemerkt Pandora mit leicht spöttischem Unterton. Sollten dieser Bruder und diese Schwester etwa nicht ein Herz und eine Seele sein? Optisch zumindest ergeben sie ein eineiiges Zwillingspaar. Unglaublich blond, mit unwahrscheinlich stahlblauen Augen. Gleiche Bewegungen, die gleiche Mimik. Fast unheimlich. Zwei Menschen in gleicher Ausgabe, nur mit unterschiedlichem Geschlecht. Eine Perfektion der Natur – oder ist es doch gelungen, die genetische Entwicklung planmäßig zu steuern? Ich bekomme bei dieser ersten Begegnung leichte Gänsehaut, denn so aufregend schön Pandora auch erscheinen mag, sie strahlt Gefühllosigkeit aus. Ein eiskaltes Wesen.

Nach der dritten Portion von diesem rötlichen Piranhafleisch stellt sich eine süßlich aufstoßende Sättigung ein. Außerdem blicken einen vom Teller die mörderischen Augen an. Es sind die Augen des Todes.

Pandora läßt sich zwei Piranhas servieren, die sie reichlich mit Limone beträufelt. Es scheint mir nicht angebracht, dazu ›Guten Appetit‹ zu wünschen. Für mich noch einen Wodka, um die Raubfische in meinem Magen zu ertränken.

Unser Schweigen unterbricht Pandora: »Was wissen Sie schon über uns?«

»Daß Sie Deutsche sind, es soll eine Verbindung zum früheren Großdeutschen Reich gegeben haben...«

Beinahe ist mir die Geschichte von Pandoras und Orlandos Bruder rausgerutscht: über den Nazi-Peter auf Ibiza.

Aber Pandoras scharf prüfender Blick stoppt mich rechtzeitig. Nein, ich halte noch mit meinen Informationen zurück. Außerdem beginnt Orlando zu erzählen – wie es sich wirklich zugetragen hatte.

Zwischen Brasilien und dem Dritten Reich bestanden anfangs gewisse Sympathien. Der damalige Diktator Getulio Vargas sah in Hitler ein Vorbild, vor allem was die Lösung der ökonomischen Probleme des Landes betraf. Er war vom Aufstieg Italiens unter Mussolini fasziniert. Brasilien, bis dato nur ein Exportland für Rohstoffe, benötigte dringend eine starke Industrie, um sich auf dem Weltmarkt eigenständig behaupten zu können. Denn für die typischen brasilianischen Artikel waren die internationalen Preise zusammengebrochen: Holz, Zucker, Gold, Kaffee, Gummi brachten wenig Geld ein. Man suchte also nach neuen Investoren, Industrien und Märkten.

Wäre der Krieg 1939 nicht so plötzlich ausgebrochen, hätte Vargas die Verbindungen zum Dritten Reich sicherlich aufgenommen. Aber die Ereignisse überstürzten sich. Nach dem Einmarsch der deutschen Truppen in Polen flog der US-General George C. Marshal nach Rio de Janeiro. Die brenzlige Situation zwang Vargas, den Alliierten beizutreten. Amerika befürchtete nämlich schon damals eine deutsche Invasion von Brasilien. Deshalb mußte die Küste zwischen Salvador und Belém abgesichert werden.

Tatsächlich träumte man in Berlin von der Eroberung Brasiliens. Es lebten fast 1,5 Millionen Einwanderer im Süden des Landes, im Bundesstaat Santa Catarina. Diese deutsche Minderheit reagierte auch begeistert auf den deutschen anfänglichen Siegeszug durch Europa. Es gab sogar eine nationalistisch motivierte Bewegung, die eine Kriegspartnerschaft zwischen Brasilien und dem Dritten Reich forderte.

Ich konnte Orlando sehr gut folgen, weil ich selbst mal durch Santa Catarina gereist war und die Leute dort gut kannte. Ein puritanisches, lutheranisch-evangelisches Volk, das vor etwa 180 Jahren wegen religiöser Verfolgung in Europa hierher geflüchtet war. Es sind hart arbeitende, aufrichtige Menschen, die aus der unerschlossenen Wildnis einen Garten Eden machten, sie in eine liebliche Landschaft wie die des Rheingebiets, mit Fachwerkhäusern wie im Schwarzwald verwandelten. Es wurde alles ohne Sklaven geschaffen, und ohne sich in der Kolonialzeit mit fremden Rassen vermischt zu haben. Es waren eben aufrichtige Deutsche, und als solche pflegen sie bis heute ihr Deutschtum. Martin Luther hätte seine helle Freude an diesen Musterschäfchen gehabt.

Doch die Entwicklungen des Zweiten Weltkrieges veränderten die Gesinnung des Diktators Vargas. Nach dem japanischen Angriff auf Pearl Harbour brach Brasilien auf amerikanischen Druck seine Beziehungen zu Berlin ab. Man befürchtete, daß Feldmarschall Rommel seinen Afrika-Feldzug in Südamerika wiederholen könne. Er hatte es nach seinem Triumph in der Wüste bereits in Berlin selbst vorgeschlagen. Deshalb sollten amerikanische Truppen die brasilianische Nordküste unter Kontrolle halten. Mit Nachschubbasen und strategischen Flugplätzen. Der Diktator

Vargas befahl schließlich auch, die nazifreundliche deutsche Kolonie im Süden durch neue Gesetze zu überwachen.

Eine Reaktion in Berlin blieb nicht aus. Hitler beschloß, eine Strafoffensive einzuleiten, die zugleich Brasilien vor einem weiteren Gleichschritt mit Amerika warnen sollte. Sie wurde in den Julitagen 1942 mit einer Geheimaktion begonnen. Aus dem französischen Hafen von Bordeaux lief eine U-Boot-Flotte aus. In Richtung Südatlantik. Der verschlüsselte Befehl lautete: »Freie Manöver.«

Bald wurden erste Ergebnisse gemeldet, die den Führungsstab in Berlin höchst zufrieden stellten. Innerhalb eines knappen Monates wurden ein Dutzend brasilianische Frachter versenkt. Die deutschen U-Boote lauerten vor der Küste Salvadors und Recifes wie Haifische.

Am 22. August 1942 antwortete Brasilien auf die Piraterie mit einer offiziellen Kriegserklärung. Soweit sind diese Angaben auch in Archiven nachzuprüfen. Aber was meinte Orlando dazu? Plante Hitler eine Eroberung Brasiliens? Wäre diese Invasion strategisch überhaupt durchführbar gewesen? Hat sie vielleicht sogar stattgefunden?

»Ja«, herrscht mich Orlando an, »es gibt Beweise dafür.«

»Welche?«

»Sie zum Beispiel, Sie sind auch ein Zeuge.«

»Ich? Wieso?«

Orlando erhebt sich vom Tisch. »Es muß Ihnen doch längst aufgefallen sein«, prüft er meine Kenntnisse der Lage.

»Wenn Sie mir vielleicht auf die Sprünge helfen? Ich weiß nicht genau, was Sie meinen.«

Doch es dämmerte mir bereits: Die Stahltür zu diesem seltsamen Salon, die Luft hier und die Einrichtung. Schier unmöglich, so etwas in dieser Gegend herzustellen. Es muß einen geheimen Ursprung haben. Woher sollte das Metall, die Armaturen, die Leuchter und die sonstigen Gegenstände kommen? Tische, Stühle, Bilder, das Nazi-Silber, die Hakenkreuz-Fahnen – es wird mir eigentlich alles klar, ich brauche nur die Bestätigung.

»Ich glaube, ich weiß, was Sie andeuten. Wir befinden uns...«

»Richtig«, bestätigt Orlando und klopft mit seinem kurzen Peitschenstiel an die Wände. Es hallt dumpf zurück wie aus einem Abflußrohr. Orlando stampft auf den Boden, und wir vernehmen ein ähnliches Geräusch wie aus einem Metall-Hohlraum.

Ich beobachte dabei Pandora. Sie zeigt nicht die geringste Regung. Unbeteiligt an unserem Gespräch befingert sie testend die Früchte in der Obstschale, Araca, Caju und Mamao, alles Tropenfrüchte aus der Gattung der Äpfel und süßen Melonen. Sie tut es mit sichtbarem Lustgefühl. Erst spaltet sie die Caju-Äpfel, führt sie zum Mund, beißt genüßlich hinein. Der Saft spritzt über ihre Lippen, und schlürfend leckt sie ihn ab. Wie würde sie mit anderen Dingen umgehen? Ihre unterkühlte Art, exquisit und mondän, wächst zu einer Herausforderung an. Eine Nacht mit Pandora, oder nur ein flüchtiges Berühren. Ihre stechenden Nofretete-Augen scheinen meine Gedanken wie mit Röntgenstrahlen zu lesen. Und wie als eine Antwort züngelt sie spitz an einem Apfelschnitz, lutscht danach an dem saftigen Stück und beißt schließlich kräftig hinein. Ihre strahlend weißen Zähne färben sich vom Fruchtsaft rot. Das ist eine unverblümte Anspielung darauf, daß unter ihrer Eiskruste ein Feuer lodert. Nur insgeheim bin ich mir ziemlich sicher: Eine männermordende schwarze Spinne – das ist Pandora. Männer sind für sie Beute, die sie zerfleischt und ausgesaugt wieder wegwirft. Ich glaube zu ahnen: In der Tiefe ihrer Seele haßt sie die Männer. Sie kann in ihrer Vollkommenheit nur sich selbst lieben – oder vielleicht eine Frau, so perfekt wie sie.

Oh, meine Mulattas, erfaßt mich plötzlich Sehnsucht. Nach ihren weichen Körpern, der kühlend sanften Haut, unterpolstert mit seidigen Kissen. Wann versinke ich wieder in ihnen?

Orlando genießt den Triumph. Eines großen Zeremonienmeisters würdig, enthüllt er das Geheimnis: »Wir befinden uns auf einem U-Boot. Sein Name ist Graf Lübschow. Eine spezielle Ausführung des Modells VII C, Baujahr 1942, zum Truppentransport bestimmt. Bis zu 200 Mann konnten im Bauch des 70 Meter langen U-Bootes verfrachtet werden. Bei bestens ausgebildeten Leuten hatten sie die Schlagkraft einer halben Armee.

Bei den U-Boot-Besatzungen handelte es sich ohnehin um die absolute Elite der Flotte. Psychisch und physisch stärkstes Material, belastbar über die Grenzen des Menschlichen hinaus.

»Die U-Boot-Fahrer waren die Helden des Krieges überhaupt«, ereifert sich Orlando.

Mit verschränkten Armen neben dem Bild des Führers stehend, gleicht sein Auftritt einer Science-Fiction-Szene. Vor meinen Augen öffnete sich eine neue Perspektive des U-Boot-Krieges. Laut bisher publizierten Dokumenten war es ein besonders grausames Kapitel. Bekanntlich überlebte nur jeder vierte U-Boot-Matrose. Von 42000 Mann Besatzung sind 27500 Mann umgekommen. Aber es scheint doch nicht alles nur der Wahnsinn Hitlers und seines Großadmirals Dönitz gewesen zu sein.

Dahinter steckte auch ein höchst mystischer Zusammenhang, der Glaube an eine göttliche Fügung, an das Universum, zu dem der Schlüssel offenbar in Amazonien lag, im Schatten des Anden-Massivs, im zehntausendjährigen Reich der Indianer, das davor das Reich der Götter gewesen war. Laut einigen Behauptungen hat hier die Stunde Null unserer Erdgeschichte geschlagen.

Für Hitler schien es von größter Wichtigkeit zu sein, dieses Gebiet zu erreichen, gar seine Macht bis dorthin auszudehnen und damit die geheimnisvollen Prophezeihungen vom Ende der Welt zu erfüllen. Für ihn hatte das Tausendjährige Reich eine direkte Verbindung zu Amazonien. Einige ethnologische Forschungen lieferten den Beweis, daß die Arier ursprünglich aus dem Länderdreieck Brasilien-Peru-Kolumbien abstammten. Hier wurzelten die mystischen Theorien einer arischen Herrenrasse, dem auserwählten Volk Gottes. Hierher wollte man auch irgendwann zurückkehren, beziehungsweise Brasilien dem neuen großdeutschen Imperium angliedern.

Darüber verhandelte Hitler mit dem britischen Premierminister Chamberlain. Nach der Weltfriedenskonferenz des ›Münchner Abkommens‹ Ende September 1938 fiel in weiteren Privatgesprächen der Vorschlag von englischer Seite, deutsche Siedler nach Amazonien zu schicken.

Nach Kriegsausbruch allerdings konnte man diesen Plan friedlich nicht mehr realisieren. Die alliierten Streitkräfte blockierten sämtliche Seewege. Die U-Boote wurden zu Hitlers Superwaffen, mit denen er den lateinamerikanischen Kontinent doch noch erreichen konnte. Mit dem Großadmiral Dönitz zusammen glaubte er, auch dort einen Krieg führen und gewinnen zu können: aus dem Nichts wollte er den Gegner unerwartet treffen, mit Überraschungsangriffen wollte er ihn besiegen.

Einem dieser gespenstischen U-Boote muß es also tatsächlich gelungen sein, die amerikanisch-brasilianischen Blockaden zu durchbrechen und tief in den Amazonas vorzudringen. Die Wasserverhältnisse erlauben es, fast 4000 Kilometer weit ins Landesinnere vorzudringen. In Manaus, wo die zwei gewaltigen Ströme des Rio Solimoes und des Rio Negro zusammenfließen, erreicht der Fluß eine Tiefe von 120 Metern. Da zwängt sich selbst ein 70 Meter langes und 15 Meter hohes Meeresungetüm leicht durch.

Außerdem gibt es ein System von unterirdischen Seen und Kanälen, über die man in völlig unzugängliche Gebiete gelangen kann. Das Festland von Amazonien soll laut einigen Theorien wie eine durchlöcherte Kruste auf einem riesigen unterirdischen See schwimmen. Für ein U-Boot geradezu ideal.

Aber mit welcher Bestimmung ist nun dieses U-Boot-Kommando hierher geschickt worden? Oder endete hier im Dschungel nur die tragische Odyssee eines irrsinnig gewordenen Kapitäns?

Ich versuche, in Gedanken die Fakten zu ordnen. Das Wichtigste wäre geklärt, wenn mir Orlando die Frage beantwortet: »Wie kamen Sie auf dieses U-Boot?«

Orlando lacht: »Sie fangen am Schluß an, mein Lieber. Ich sagte ja schon, es gab eine Invasion. Rund 2000 Soldaten sind im Laufe der Jahre 1940 bis 1945 in Brasilien gelandet. Es operierten an der Norte-Este mehrere U-Boote mit starker Besatzung. Viele dieser U-Boote waren zuerst den Amazonas-Fluß hochgefahren, haben ihre Besatzung an Land zurückgelassen und führten Angriffe auf brasilianische Schiffe erst auf dem Rückweg durch.«

Piraten also waren es. Ganz gemeine, hinterhältige, tückische Piraten. Ich frage mich inzwischen, warum Pandora wohl die ganze Zeit über schweigt. Zwar ist es in Brasilien durchaus üblich, daß in Männerrunden die Frauen nur wie Zimmerpalmen in der Ecke sitzen, um die Herren mit ihrem Gezwitscher nicht zu stören. Aber Pandora ist keine Brasilianerin. Vielleicht gelingt es mir, sie in ein Gespräch zu verwickeln. Wir halten uns bisher nur bei historischen Fakten auf, aber interessant wird die Geschichte erst, wenn es mir gelingt, mehr über das persönliche Schicksal von Pandora und Orlando herauszufinden. Noch liegt ein undurchsichtiger Schleier über den beiden. Pandora müßte endlich auftauen. Ich werde sie nach ihrer Mutter, Gräfin Slavski, fragen, vielleicht kann ich sie damit aus der Reserve locken.

Und schon durchbohren mich Pandoras Augen. Hat sie meine Absicht erraten?

Sie wirft wütend das Silbermesser in die Obstschale. »Orlando«, herrscht sie befehlerisch ihren Bruder an. »Hast du in meiner Abwesenheit über unsere Mutter gesprochen?«

Orlando zuckt zusammen. Nanu, wer hat denn hier die Hosen an? Aber er bleibt förmlich: »Ich habe lediglich unsere Mutter entschuldigt.«

»Ist gut.«

»Warum?« nütze ich sofort die Situation.

»Warum? Weil wir nicht wollen, daß jemand in unserer Vergangenheit rumschnüffelt. Es gibt zu viele Leute, die rachsüchtig sind. Und das könnte unsere Sache gefährden. Damit wir uns richtig verstehen: der Name der Gräfin Slavski darf in keinerlei Zusammenhang auftauchen. Immerhin leiten wir hier eine Forschungsstation von weltweiter Bedeutung.«

»Entschuldigung, aber jetzt muß ich direkt fragen: Wieso

durften wir dann mit Ihnen Kontakt aufnehmen? Schließlich sind wir Journalisten, Schnüffler, wenn Sie so wollen, und arbeiten an einem Bericht.«

»Sie können berichten«, lenkt Pandora ein, »wenn Sie sich an unsere Spielregeln halten.«

»Und die sind?«

»Wir geben Ihnen einen Bericht, und Sie verpflichten sich, den unverändert weiterzugeben. An Ihre Magazine, Presseagenturen – was Sie mit dem Material anfangen, ist Ihre Angelegenheit.«

»Und sollte der Bericht doch anders lauten, als Sie sich vorstellen?« prüfe ich Pandoras Position.

»Das würde ich Ihnen nicht empfehlen. Wir verfügen über ausgezeichnete Kontakte, Sie können uns nicht täuschen, wenn Sie sich nicht an unsere Abmachung halten, können Sie sich nirgendwo verstecken, wir finden Sie überall.«

»Sie drohen uns?«

»Nein, wir informieren Sie nur. Und wie wir Sie einschätzen, schlagen Sie gute Ratschläge nicht in den Wind. Besonders nicht in Brasilien. Oder?«

»Sicher.«

»Na, sehen Sie. Außerdem scheinen Sie das Land zu lieben. Sie wollen bestimmt wieder nach Brasilien kommen. Es hat ja für Sie alles erst angefangen. Sie können gar nicht anders als mit uns zusammenzuarbeiten. Es ist sogar Ihre große Chance...«

Letzteres klang nach einem Angebot, das Orlando erweiterte: »Wir suchen fähige Leute, die sich uns anschließen. Vor allem brauchen wir zuverlässige Boten. Wir sind jetzt in einem Stadium, wo wir eine gewisse Public Relation brauchen.«

Public Relation – das waren die ersten Fremdworte in einem sonst fast altertümlichen Deutsch von Orlando, das ich zum Teil gar nicht wiedergeben kann, weil es zu komisch klingt. Orlando sprach im Geiste Goethes, während Pandora einen leichten Akzent hatte: man merkte es erst, wenn sie länger redete, ein leichter Hauch von französisch berührte das Ohr.

»Gut, was sind Ihre Bedingungen, was verlangen Sie von uns und was bieten Sie dafür«, lenkte Mike weitere Verhandlungen von seiner Tischecke her ein. Auch er fixiert Pandora schon die ganze Zeit über mit gierigen Augen und meine Überzeugung steigert sich, daß wir bald an einem entscheidenden Punkt landen würden.

»In erster Reihe werden wir Sie über unsere Züchtung der neuen Rasse informieren, und wir geben Ihnen ein Programm mit, was noch zu tun ist, um die Welt zu retten. Denn wenn in absehbarer Zeit nicht die Wende eintritt, ist es zu spät«, beginnt Orlando seine Pläne zu lüften.

»Wie ist das zu verstehen: die Welt retten?«

Orlando holt aus: »Wir haben hier Unterlagen, nach denen bereits der Führer forschen ließ. Die Chronik von Akakor. Die bisher genauesten Orakel. Sie erfassen eine irdische Epoche von rund 10000 Jahren. Und bisher haben sich alle darin enthaltenen Prophezeihungen erfüllt.«

»Zum Beispiel?«

»Alle Kriege, die die Indios seit tausenden von Jahren führen mußten. Der Einbruch der weißen Barbaren, die Zerstörung des Inka-Reiches durch die Spanier, die Plünderung der Schätze von Cusco und alle weiteren Eroberungskriege.«

Als Beweis legt Orlando ein Buch auf den Tisch. »Hier, meine Herren. Es ist die Abschrift der Chronik. Sie wurde in mühevoller Kleinarbeit entziffert und in eine für uns verständliche Sprache gebracht. Sie können diese Chronik selbst lesen.«

Das also ist das Geheimnis. Ich greife aufgeregt zu dem Buch und schlage es wahllos auf: DAS BUCH DER WASSERSCHLANGE.

»Das ist die Wasserschlange: Stark ist sie. Lautlos bewegt sie sich durch den großen Fluß und sucht ihren Feind. Mit Macht kämpft sie gegen die tausend Hände ihrer Jäger. Die Fesseln zerreißt sie. Denn sie ist frei, unbesiegbar in ihrem Reich.«

Und Orlando fordert mich auf, laut weiterzulesen: Ich

finde eine beziehungsreiche Stelle: DIE RÜCKKEHR DER GÖTTER.

»Wehe uns, das Ende ist nahe. Zu einem traurigen Ziel sind wir gelangt. Was haben die auserwählten Diener getan, um so tief zu fallen? In Trübsal und Not, unter Seufzern und Tränen sprachen sie. Denn die Zeit neigte sich ihrem Ende zu. Schwarze Wolken verdeckten die Sonne, verhüllt war der Morgenstern. Im großen Tempel verneigten sich die Hohenpriester vor der goldenen Scheibe und fragten: Wer sind die neuen Herren? Wer hat sie geboren? Woher sind sie gekommen? Denn was sie tun ist von Übel. Grausam sind ihre Gedanken. Unheilvoll ist ihr Wesen...«

Diese Zeilen verfehlten nicht ihre Wirkung. Die Stimmen widerhallen in diesem Salon wie in einem Faß. Das Bild des ›Führers‹ und die Hakenkreuzfahnen schafften den Rahmen wie für eine spiritistische Seance.

Ich blättere weiter. Pandora wirkt wieder unnahbar. Ein seltsames Wesen, vorher ereiferte sie sich für ›unsere Sache‹, wie sie sagte, und jetzt sitzt sie versteinert wie Pythia auf ihrem Sockel. Stammen diese Orakel etwa von ihr? Wäre gut möglich, es gibt ja dafür genügend Vorlagen. Zum Beispiel die Forschungsergebnisse des ›Club of Rome‹, einem Kreis von Wissenschaftlern, der sich mit einem nahenden Weltuntergang beschäftigt.

Aber Orlando beginnt meine Skepsis zu zerstreuen: »Die Chronik von Akakor entstammt den Aufzeichnungen der Ugha Mongulala, einem von Göttern auserwählten Volk, das über die große Katastrophe unserer Erde berichten soll.«

Das tut es bereits auf den letzten Seiten der Chronik. Der letzte Absatz ist mit roter Tinte geschrieben: »Den Menschen steht ein furchtbares Schicksal bevor. Ein Sturm wird sich erheben, und Berge und Täler werden erzittern. Vom Himmel wird es Blut regnen, und das Fleisch der Menschen wird dahinschwinden. Es wird weich werden. Die Menschen werden die Vernunft verlieren. Sie können nicht mehr rückwärts blicken. Ihre Körper werden zerfallen. So ernten die weißen Barbaren die Früchte ihres Tuns. Der

Wald wird erfüllt sein von ihren Schatten, die sich im Schmerz krümmen und hilflos sind. Dann werden die Götter zurückkehren, voller Gram über die Menschen, die ihr Vermächtnis vergessen haben. Und eine neue Welt wird entstehen, in der Menschen, Tiere und Pflanzen in einem heiligen Bund zusammenleben. Dann kehrt die Goldene Zeit zurück.«

Das ist die Chronik von Akakor.

Hätte Orlando im gleichen Moment, als ich die letzten Zeilen lese, das Licht erlöschen lassen, hätte es gedonnert und wäre ein Inka-Gott auf goldenem Thron hereingeschwebt, hätte ich alles geglaubt und Orlando meine Ergebenheit als sein treuer Diener bis in alle Ewigkeit geschworen. Aber weil nichts dergleichen geschah, huschte ein leichtes Schmunzeln über mein Gesicht.

Orlando – und das überraschte mich eigentlich – ist nicht wütend. Pandora verharrt in ihrer eiskalten Pose. Orlando mit seiner perfekten Regie entläßt uns nach dieser spannenden Szene in eine lange Pause: Er steht auf und wünscht uns: »Gute Nacht – wir sehen uns morgen.«

Auch Pandora verabschiedet sich. Aber ihr »Gute Nacht« klingt hämisch. Mich erfaßt eine merkwürdige Vorahnung, daß dies eine ›böse Nacht‹ sein wird. Auf ein Klingelzeichen erscheint Apuca Anju, unser Häuptling. Wo steckte er die ganze Zeit. Hat er etwa gelauscht, uns durch einen Einwegspiegel beobachtet? Plötzlich traue ich ihm nicht mehr, obwohl er sich bisher wie ein Freund benommen und alles für uns getan hat. Aber warum hat er kein Sterbenswörtchen von dieser Station, von diesem alten deutschen U-Boot erwähnt? Er hat überhaupt die ganze Zeit über gar nichts gesagt, obwohl er alles zu wissen scheint. Ist er ein eingeschworener Gehilfe Orlandos? Auch darüber spricht er nicht! Jetzt lotst uns Apuca Anju durch Kajüten und den Maschinenraum des U-Bootes. Damit sind zumindest diese Zweifel endgültig ausgeräumt: Wir befinden uns tatsächlich auf einem U-Boot! Noch wissen wir zu wenig über seine wahre Herkunft, aber Orlando versprach, uns morgen alles zu zeigen. Ob Pandora auch dabei sein wird?

Mike raucht. Mir ist nicht nach Reden zumute. Wir klettern über eine Eisenleiter, ziehen uns durch eine Dachluke hoch und stehen unter freiem Himmel. Die Sterne funkeln, der Mond strahlt. Die schwarze Lagune hat sich in einen Silbersee verwandelt, rundum von den schwarzen Konturen des Urwaldes abgegrenzt.

Aus der Ferne hört man ein regelrechtes Dschungel-Konzert. Apuca Anju erkennt die einzelnen Stimmen: die Vögel, die fleischfressenden Carnivaru und die Can-Can-Pärchen, die immer im Duett zwitschern, und die Brüllaffen – die lautesten Affen der Welt.

Von oben sehe ich, auf welche Art diese Station errichtet wurde. Ein Holzbau wurde auf das U-Boot aufgesetzt, der selbsttragend schwimmen und vom Mutterschiff unabhängig operieren kann. Die Konstruktion ist also nichts anderes als ein schwimmendes Trockendock.

Ich entdecke nirgends Menschen. Kein Licht und keine Geräusche. Das Oberdeck dieser Babylonia ist wohl der idyllischste Ort am Amazonas. Stundenlang könnte ich hier die Nacht genießen, aber die Moskitos vertreiben uns. Sie stechen bestialisch und saugen das Blut wie Dracula aus. Verdammt, jetzt hat so ein fliegender Vampir mein Ohrläppchen erwischt, und es schwillt sofort an.

Wir flüchten unters Deck. Orlando ließ für uns zwei getrennte Räume herrichten. Spartanisch. Ein Bett mit Moskitonetz, ein Regalbrett, drei Kleiderhaken. Auf einer Kiste steht eine Handlampe und eine Kerze. Diese Kajüten gehören nicht zum U-Boot, sondern sind ein Teil des schwimmenden Oberbaus.

Auch Apuca Anju wünscht uns »Gute Nacht«. Wir sind müde, und der nächste Tag verspricht aufregend zu werden. Vielleicht der aufregendste Tag meines Lebens. Noch nie war ich an einem Geheimnis so nahe dran, das, vor der ganzen Welt versteckt, wirklich existiert.

Im flackernden Kerzenlicht entdecke ich an der Wand noch ein altes eingerahmtes Foto. Der deutsche Frachter ›SS Carlino‹. Die vergilbte Tintenschrift ist noch gut lesbar: ›Maceio, Juni 1943.‹ Ich leuchte näher heran. An Bord winken Passagiere: Deutsche Wehrmachtssoldaten. Darunter auch Frauen und Kinder. In der Mitte einer Gruppe steht eine auffallend schöne blonde Frau und neben ihr ein Mann in Generalsuniform. Er hält ein kleines Kind im Arm: der Bub ist auch unglaublich blond. Könnte es Orlando auf dem Arm seines Vaters sein? Und die blonde Frau die Gräfin Slavski? Und wo ist Pandora?

Ach ja, die ist wesentlich jünger als Orlando. Sie konnte zu dieser Zeit noch nicht auf der Welt gewesen sein. Heißt das demnach, daß sie hier geboren wurde? Orlando hat stolz etwas ähnliches erwähnt: »Meine Schwester, eine astreine Vertreterin der arischen Rasse, das Ergebnis einer gezielten Züchtung.«

Aber wer, zum Teufel, kann dann der Vater sein? Der General? Und was sucht im Juni 1943 ein deutscher Frachter in Maceio, so weit im Norden Brasiliens? Die deutschen Kolonien befinden sich allesamt im Süden. Es kann sich unmöglich um eine Waffenlieferung für einen Aufstand der deutschen Nazi-Sympathisanten handeln. Außerdem müßte diese Landung ein unglaublich tollkühnes Unternehmen gewesen sein, weil die Nordküste von brasilianischen und amerikanischen Truppen besetzt war. Die Festungen stammen zum Teil noch aus der Kolonialzeit, wo sie den Franzosen und Holländern trotzten und eine unüberwindbare Barriere bildeten.

Ich betrachte noch lange das Bild. Die Leute machen einen fröhlichen Eindruck. Pioniere in einer neuen Welt voller Tatendrang. Sind sie etwa von der Reichskanzlei geschickt worden, als neue Siedler im Amazonas? Es ist schwer, die Zahl der Passagiere an Deck zu schätzen: sechshundert, achthundert, tausend oder mehr?

Rätsel über Rätsel. Obwohl ich sehr müde bin, kann ich doch nicht schlafen. Soll ich zu Mike rübergehen? Wir haben unsere neuen Erkenntnisse noch gar nicht diskutiert. Aber nein, nicht jetzt. Es würde nichts bringen. Ich muß unbedingt ein wenig schlafen. Sonst bin ich morgen abgeschlafft.

Ich wälze mich auf meiner Kojenpritsche. Es ist drückend

schwül, aber Gott sei Dank keine Moskitos. Auch die kleine Fensterluke unter der Decke ist mit einem Moskitonetz bespannt, damit keiner von diesen Stuka-Fliegern eindringt und seinen Bombenangriff starten kann.

Das Akakor-Orakel für die Endzeit fällt mir wieder ein. Die bildhafte Umsetzung einzelner Begriffe ist leicht

– ein Sturm wird sich erheben: Das Arsenal der Atom-Waffen reicht aus, um die Erde völlig zu vernichten.

– Berge und Täler werden erzittern: Sollten nur einige der Atom-Raketen zum Einsatz gelangen, bebt der Erdball.

– vom Himmel wird es Blut regnen: Der verseuchte radioaktive Regen.

– und das Fleisch der Menschen wird dahinschwinden: Das sind die Folgen radioaktiver Bestrahlung an ihren Opfern.

– die Menschen werden die Vernunft verlieren: Das große Chaos, das nach einem Atom-Angriff ausbricht, wird unvorstellbare Ausmaße erreichen.

– die Menschen können nicht mehr rückwärts blicken: Der Verlust des Gedächtnisses kann eine der Folgen der Atomstrahlung sein.

– ihre Körper werden zerfallen...

Die Horrorvisionen wachsen fieberhaft. Es reichen die Tagesnachrichten: Unfälle in Kernkraftwerken, chronische Verseuchung der Flüsse, Gift in der Luft, das allerorts alarmierende Konzentration erreicht. Waldsterben und Erosion in den Bergen. Bald werden Bergdörfer evakuiert werden müssen, die Ozondecke hat bereits irreparable Löcher. Vielleicht wird es gar nicht zur Atomkatastrophe kommen, sondern die Sonne wird die Erde verbrennen. Die Wirkung ist jedenfalls gleich, ob Atom- oder Sonnenstrahlen ohne Schutz der Ozonschicht. Der ›Club of Rome‹ listete ein Katastrophenregister detailliert auf. In der blumigen Sprache von Akakor wird die Behauptung aufgestellt, daß alle Zukunftsprojekte über die nächsten fünfzig Jahre hinaus nur noch akademische Interessen haben, nur noch utopische Planungen auf dem Papier darstellen.

Zum X-tenmal drehe ich mich im Bett um. Aber erstaunlicherweise, obwohl ich an Weltuntergang denke, plagen mich keine Depressionen. Im Gegenteil. Ein leichtes Kribbeln in der Lendengegend meldet sich. Zwischen dem dritten und vierten Wirbel verspüre ich einen langsam anschwellenden Druck, der nach außen dringt und faßbare Gliedform annimmt. Plötzlich schwinden alle Gedanken an Atombomben, Giftwolken, Berglawinen, berstende Flußdämme, einstürzende Hochhäuser – ich denke nur an die Samba-Show im ›Oba Oba‹.

›Olé, Olá‹.

Die Mulattas tänzeln um mich. Ich liege auf einem Sofa und zwei leichtgeschürzte Mokka-Dienerinnen flößen mir Rotwein von Mund zu Mund ein. Eine kribbelnde Vision, die mich in den Schlaf schaukeln soll.

Dazu träume ich von den ›Oba Oba‹-Tänzerinnen. Sie räkeln sich mir mit ihren Hintern entgegen, entblößen ihren Busen und ihre langen, harten Zungen winden sich wie eine königliche Boa constrictor. Im Würgegriff der Mulattas möchte ich mich in das Sandmännchen verwandeln und streuen…

Aber da stört mich ein verdächtiges Geräusch.

Ponk! Ponk! Ponk!

Ein Geräusch, das entsteht, wenn Metall gehämmert wird, das man hören kann, wenn man eine leere Bierdose zerdrückt. Das Geräusch wird lauter und hallte, als ob ein Ponton gegen einen Brückenpfeiler stieße.

Dann erschüttert eine Explosion die ganze Station, und Sekunden später fallen Schüsse. Stotternde MG-Garben, von einem noch mächtigeren Getöse übertroffen. Eine Alarmsirene heult auf, und ein kreisendes Licht erhellt zukkend meine Koje. Ich springe aus dem Bett, schlüpfe blitzschnell in meine Safari-Hose und stürze in den Gang. Im gleichen Moment mit Mike: »Was ist los?«

Die nächste Erschütterung. Ein Überfall? Wir halten uns am Türrahmen fest. Die Station beuteln mehrere Granatexplosionen hintereinander. Knatterndes, bellendes Scheppern schleudert uns zu Boden, wir versuchen uns aufzurichten, schaffen es aber nicht.

Es schaukelt wie auf einer Yacht in aufgewühlter See, die Wände bersten und durch die Ritzen spritzen Wasserfontänen. MG-Garben mischen sich mit Schreien, einzelnen Schüssen und donnerndem Geblubber eines starken Motors. Es stinkt nach Dieselqualm.

Immer noch haben wir keinen Überblick über die Lage, wissen nicht, was passiert ist. Nur das Schaukeln beruhigt sich etwas, und wir hören überall Stiefel auf dem Holzdeck trommeln. Gleichzeitig wird mit einem gewaltigen Krach die Tür zum Treppenaufgang eingetreten. Gerade in dem Augenblick, wo wir uns vom Boden aufsammeln.

»Para!« – schreit ein Mann im Dunkeln. »Stehenbleiben!«

»Hände hoch! Und jetzt langsam raustreten!«

Ein gleißender Scheinwerfer blendet uns. Aber man kann's trotzdem erkennen: mehrere bewaffnete Männer in grünen Tarnanzügen durchsuchen die Station, brechen überall die Türen auf. Das Oberdeck ist in zwei Teile zerborsten. Auf dem See schwimmen Bretter, gesprengte Geländer, zerfetzte Dachträger.

Ein Überfall. Aber wer hat versucht, wen zu überfallen?

Erstaunlicherweise verhalte ich mich sehr ruhig. Auch Mike bewahrt kalt Blut, als wäre dieses Intermezzo von vornherein in unserem Abenteuer inbegriffen. Ich weiß nicht warum, aber trotz Waffen, Schüssen und Explosionen kommt mir diese Situation nicht allzu gefährlich vor. Ich vertraue auf unseren Touristen-Status. Irgendwann muß es sich klären, daß wir nur Gäste auf dieser schwimmenden Festung sind. Da höre ich eine bekannte Stimme. Sie gibt hier die Befehle. In meinem Kopf rotiert es wie in einer Computer-Büchse. Wer kann das nur sein? Unser bewaffneter Bewacher ruft jemanden herbei. Jetzt kann ich ihn erkennen. John!

Der Goldsucher von unserer Amazonas-Fahrt. Was macht der hier? Er führt das Kommando. Circa 20 Mann. Sie haben auf vier Schlauchbooten rübergesetzt, sind bei Nacht über den See lautlos herangeschlichen. Es hätte auch beinahe alles geklappt. Aber jemand hatte Orlando noch rechtzeitig gewarnt und er ist mit seinem U-Boot untergetaucht.

Ob Pandora auch dabei ist? Und wo bleibt unser Häuptling Apuca Anju?

Die Scheinwerfer aus den Gummi-Booten erlöschen. Aber der Mond scheint hell genug, um alles deutlich zu sehen. John kommt auf uns zu und reicht uns die Hand.

»Schöne Überraschung, was?«

»Kann man wohl sagen.«

»Er ist uns entwischt.«

»Orlando?«

»Ja. Er muß uns in letzter Sekunde entdeckt haben. Das U-Boot wurde von der Station gekoppelt und ist untergetaucht. Ich hätte nicht geglaubt, daß dieses alte Eisen noch funktioniert.«

»Wie kam das?«

»Er muß rechtzeitig Wind bekommen haben von unserer Ankunft im Urwald, jemand muß uns entdeckt haben.«

Oder verraten? Hoffentlich glaubt John nicht, daß wir es waren. Und wenn Orlando von der Aktion erfahren haben sollte, warum hat er uns dann empfangen, uns bewirtet und seelenruhig zum Schlafen geschickt? So blitzschnell, wie hier alles ablief, muß er auf eine mögliche Flucht bestens vorbereitet gewesen sein. Alles klappte, auf einen Knopfdruck ist er untergetaucht.

Argumente, Überlegungen, Fragen jagten sich hinter meiner Stirn. Was denkt wohl John darüber? Hält er uns etwa für die Informanten, die seinen Plan vermasselt haben? Nein, wir konnten doch nicht das Geringste ahnen, was wirklich hinter seiner Reise getarnt als Goldgräber steckte. Arbeitet er etwa für die FUNAI-Organisation?

Fest steht jedenfalls: Für Orlando hätten wir nützlich sein können. Er wollte uns einen Bericht mitgeben. Und vielleicht auch noch anderes Material rausschmuggeln. Ein Kontakt nach Europa schien wichtig für ihn. Mike war dafür bestens geeignet, er kannte ja auch den Häuptling Apuca Anju, zumindest durch andere Mittelsmänner. Aber es ist keine Zeit zum Sinnieren.

John beobachtet nervös die hektische Lage. Außer seinen Männern und uns sind noch fünf Einheimische an Deck. Sie werden mit der Waffe in Schach gehalten. Die Station bekam durch das Abkoppeln des U-Bootes eine bedrohliche Schlagseite. Gleich wird sie sinken. Das Wasser steigt hoch. John erteilt die knappen Anweisungen zum Rückzug. Auf spanisch! Sind diese Männer etwa Bolivianer oder Kolumbianer?

Bleibt alles im Dunkeln. Orlandos Männer dürfen mit ihren wackligen Einbaum-Booten davonpaddeln. Ihre Sache, ob sie sich retten. Der Urwald steht ihnen frei.

Wir sollen nur das Allerwichtigste mitnehmen, sonst das Gepäck hierlassen. »Rapido, rapido« – schnell, schnell.

Die sinkende Station neigt sich immer mehr zur Seite. Die schwimmenden Stämme der Assaku-Bäume haben sich aus ihrer Lianenbefestigung gelöst. Krachend springen sie unter der Floßkonstruktion hervor und lassen die Aufbauten in die Tiefe kippen.

Ich hole aus meiner Kajüte nur schnell noch meine ›MCM‹-Brieftasche. Da ist alles drin. Paß, Flugticket, Geld, Kreditkarten, Adressenbuch. Mit einem Schub ist alles in meiner Safari-Hose verstaut. Dieser Kauf weiland in einem Spezialladen hat sich gelohnt. Die Marke hält, was der Name verspricht: »The way of new adventures.« Der Stoff scheint unzerreißbar, die Taschen sind tief wie ein Schlund.

Jetzt stehen sie die härteste Belastungsprobe durch. Nur meine Handtasche kann ich mir noch schnappen, und schon hechte ich die Treppe herunter. Mike nach mir, auch nur mit seinem Aktenkoffer. Als Busineßman bewahrt er das Wichtigste: Haltung.

Alle vier Boote steuern nun zurück zum Lagunen-Ufer. John reicht uns die Hand, wir springen auf sein Kampfboot. Zwei Männer starten den Außenbord-Motor, der aufheult. Die Bootsnase hebt sich hoch und nach uns zieht eine gischtende Wasserfahne.

Die Aktion ist beendet, die Überfalltruppe schleppt die Schlauchboote an Land, mit paar Handgriffen sind die ausstellbaren Räder angeschraubt und wir jagen atemlos den Dschungelpfad entlang zum nächsten Bootssteg. Es ist der gleiche Weg, den wir mit Mike und unserem Häuptling gekommen sind.

Auf scharfe Befehle von John hin teilt sich das Kommando in vier Gruppen auf, die sich auf eigene Faust zur Basis durchschlagen sollen. Wo liegt überhaupt diese Basis?

Außer einem Ölkanister, Maschinenpistolen und Ölzeug ist sonst nichts im Boot. Restlicher Proviant und eine Kiste Granaten werden im Urwald zurückgelassen. Wir müssen zwei reißende Stromschnellen passieren, aber dem Anschein nach dürften wir noch im Laufe des Tages irgendeinen Stützpunkt erreichen.

Die erste Etappe verläuft monoton. Durch die schlammigen Flußarme kommen wir nur mit halber Fahrt vorwärts. Es können überall Äste, Wurzeln, Lianen im Wasser treiben, und John will einen möglichen Propellerschaden am Außenborder vermeiden. Er scheint die Gegend zu kennen oder weiß zumindest, wie man sich hier orientieren kann.

Aus der Ferne röhren die anderen Boote, die uns wahrscheinlich im langen Abstand folgen. Die angebrochene Morgendämmerung wächst schnell in den Tag hinein und es wird heiß, verdammt heiß und drückend schwül. Schweiß und Schmutzwasser verkrusten auf der Haut.

Schon gegen Mittag erreichen wir die Stromschnellen. John steuert waghalsig durch. Zwischen Quadern und Geröll, schweren Ästen und umgekippten Bäumen, brodelnden Flußbiegungen und tückischen Drehströmungen. Ohne Schwimmwesten oder Rettungsgurte. Wir verkrampfen uns an der Schnürung des Schlauchbootes. Das Wasser überschwemmt das Boot, das Vollbad erfrischt ein wenig. Aber gleich verteilen die Männer Ölzeug, die erste Geste einer Gastfreundschaft gegenüber uns Gringos.

Ein heftiger Regenschauer begleitet uns weiter und es wird empfindlich kalt. Die sonnendurchflutete Amazonas-Idylle erhält einen Polar-Stich, Regen und Wind peitschen uns. Es ›kachelt‹, so bezeichnen die Surfer diesen abrupten Wechsel von Sonne und Regen, Hitze und Fahrtbrause. Bald friert man – und das bei fast 50 Grad Wärme.

Gegen Spätnachmittag schimmern einige Pfahlbauten am entfernten Flußufer. Näherkommend wirken sie freundlich bunt: Pink, blau, grün und gelb, oder was von den von Sonne und Regen gebleichten Farben übrigblieb.

»Pirupiri«, kaut einer der Männer einen Begriff vor.

»Pirupiri? Dort?«

Der Kolumbianer bestätigt es mit Kopfnicken.

In der Landungsbrücke klaffen breite Lücken. Die bemoosten Pfähle wackeln, sie halten gerade noch unsere Ankunft aus. Daneben verrottet im Uferschlamm ein alter Amazonas-Dampfer. Auf morschen Holztreppen klettern wir die Böschung empor. Oben befindet sich eine kleine Siedlung, einige baufällige Hütten beiderseits der Lehmstraße.

Am Hochufer über dem Fluß hängen kleine Baracken wie Schwalbennester. Es sind Bars mit durchaus klangvollen Namen: ›Copa Banana‹, ›Kongo‹, ›Malakai‹, ›Estrela‹, ›Fenix‹. Eine Bude ziert sogar die schwungvolle Aufschrift ›Restaurantes Tapir‹ – der Seehund des Amazonas. Eine Tafel lockt mit ›Specialidades Peixe‹ – hmmmm, schon knurrt mein Magen.

John lacht. Zum erstenmal seit der ganzen Zeit.

»Willkommen, das hier ist eine richtige Western-City. Eh, das heißt, früher war sie's – beim Bau der Transamazonica vergnügten sich hier fast zweitausend Arbeiter jede Nacht. Aber als sie mit der Planung weiterzogen, ging alles wieder kaputt. Heute ist hier nichts mehr...«, lacht John dreckig, »paar Huren. Ab und zu kriegen sie sogar noch einen Stich. Von Goldgräbern oder Leuten wie wir, hahaha...«

Und John spreizt den Daumen: »Ist auch nicht zu verachten. Diese Weiber haben was. Ich glaube, es wird Ihnen sogar gefallen. Manche von ihnen sind sehr nett und nicht mal so häßlich...«

John fuchtelt mit der Faust und brüllt: »Auf geht's ins verwegenste Puff des Amazonas!«

Seine Männer zerstreuen sich in eine andere Richtung, zum Ende der Lehmstraße, wo eine einstöckige Baracke steht: ›Hotel Beira Rio.‹ Die Bezeichnung ›guter Fluß‹ wirkt allerdings als purer Hohn.

John muß in diesem Loch ziemlich bekannt sein. Denn kaum stecken wir die Nasen in die ›Fenix‹-Bar rein, werfen sich ihm drei Frauen an den Hals.

Unsere Augen gewöhnen sich langsam an die Dunkelheit. Ein stechender Fäulnisgeruch würgt fast unerträglich – als hätte man einem Wal die Magensäure ausgepumpt. Aber John steht schon an der Theke und bestellt: »Eine Literflasche Bacardi. Und Bier!«

»Bier haben wir nicht.«

»Macht nichts. Dann saufen wir Bacardi.«

»Mit Cola?«

»Nein. Pur. Und ohne Eis. Da ist die Pest drin.«

John spült kurz die Gläser mit Bacardi-Rum aus. Ich betrachte inzwischen die Frauen. Zwei sind von undefinierbarem Alter. Mit verfaulten Zahnlücken im Mund grinsen sie mich an. Die anderen zwei Indio-Mädchen können allenfalls achtzehn sein. Die dritte zieht ihr verkrüppeltes Bein nach. Sie zündet sich eine Zigarette an. Die brennende Streichholzflamme erhellt ihr kupferdunkles Gesicht mit ausgesprochen fein modellierten Zügen. Sie hat auch einen schönen Namen:

»Adele Fatima« – stellt John vor und weiß auch sonst gut Bescheid: »Sie hatte eben einen Kunden, der ihr eine Schachtel Zigaretten schenkte. Sonst kauft sie so was nicht. Kein Geld...«

»Und ihr Bein?«

»Als die Arbeiter davonzogen, versuchte sie auf den letzten abfahrenden Camion zu klettern, um nach Manaus zu kommen. Doch der Chef der Brigade hat sie zurückgestoßen. Sie fiel etwas unglücklich. Mit dem linken Bein unter das Hinterrad. Der Camion hat sie überrollt. Prost!«

Brutal. Am liebsten hätte ich jetzt John den Bacardi in die Fresse geschüttet. Aber leider bin ich kein Rambo. Außerdem ist John bewaffnet. Er trocknet gerade seinen Colt ab, putzt den Lauf und feuert einen Schuß in die Decke. Die Huren kichern. Dann gibt John Befehle: »Sag dem faulen

Sack da vorne, wir wollen Fische. Er soll paar angeln und braten. Und noch eine Flasche Bacardi!«

Die erste Pulle ist bereits leer. Den Rest, in fünf Gläser verteilt, schlucken die Frauen. Zwei versuchen John zu streicheln. Er stößt sie angewidert zurück.

»Noch nicht, noch bin ich nüchtern... später. Hahaha...«

Ich versuche, das Gespräch auf Orlando zurückzubringen. Aber erst muß ich mit ihm Bruderschaft trinken. »Prost, John, Prost, Tom, Prost, Professor!«

»Warum Professor?«

»Einer der eine Brille trägt, ist für mich immer ein Professor, hahaha...«

»Gut. Wie lange hielt sich Orlando schon da oben am See mit seinem U-Boot versteckt?«

»Vielleicht die letzten zehn, zwölf Jahre. Früher konnte er noch ungestört in der Nähe von Manaus ankern, aber irgendwann wollten ihn die Generäle dann abschieben.«

»Welche Generäle?«

»Na, hör mal«, entrüstet sich John, »du weißt ja gar nichts!«

»Nein!«

»Und du?« wendet er sich an Mike.

»Nicht viel.«

»Also gut, macht eure Lauscher auf. Aber erst mal noch einen gegen den Durst.«

»Prost!«

»Und noch einen auf die Huren. Es wird noch lustig. Das verspreche ich euch. Ihr werdet noch die ganzen Schnallen von Rio hier vergessen...«

Dann rückt John näher, füllt das nächste Glas, prostet den Huren zu und leert es, ordert noch eine Flasche Bacardi, irgendwann trudelt duftend der gebratene Fisch ein, mit köstlich verkrusteter Schuppenhaut. Dann trommelt John die übrigen Huren aus den umliegenden Bars zusammen und veranstaltet ein wüstes Wetttrinken. Ich versuche mich verdammt scharf zu konzentrieren, damit der Faden nicht reißt. Und soweit blieb mir die Geschichte, die John in Bruchstücken erzählte, lückenlos in Erinnerung:

Also es stimmt, daß Orlando der Sohn eines SS-Generals ist, der in den Wirren des Zweiten Weltkrieges hierher verschlagen wurde und im Urwald mit einer bildhübschen ostelbischen Gräfin eine Tochter zeugte. Dann verschwand er und die Gräfin blieb. Sie heißt zwar nicht Slavski, aber ihr richtiger Name fiel John nicht mehr ein. Jedenfalls betreibt sie tatsächlich ihre Studien an Faultieren – den unbekannten Wesen.

Die Story vom Lichtmenschen, die ganze Aktion ›Ahnenerbe‹ ist natürlich ein Schmarrn. Aber damit tarnt man sich. In Wirklichkeit läßt Orlando im Dschungel nach Gold schürfen. Für die Indianer dort oben ist er wie ein Gott. Er hat einige Todkranke mit Medikamenten geheilt, und jetzt traut sich nicht mal die FUNAI ihn zu vertreiben, weil sie einen Indio-Aufstand befürchtet.

Das U-Boot muß ungefähr 1942 in den Amazonas vorgedrungen sein – was danach passiert ist, weiß niemand genau. Die Mannschaft ist verschollen, aber John kann beschwören, daß es im Urwald, in der Gegend von Porto Velho und noch tiefer im Matto Grosso alte SS-Dörfer gibt. Mit Leuten, die nur deutsch sprechen. In der zweiten und dritten Generation sind es zum Teil schon Indianer wie unser Häuptling Apuca Anju.

»Was spielt der für eine Rolle?«

»Schwer zu sagen. Er muß der Sohn irgendeines Nazi-Großkopferten sein, irgendeines Kriegsverbrechers, der sich im Urwald versteckt. Und er arbeitet eindeutig für Orlando.«

John, zunehmend betrunken, verriet auch einiges über sich. Er arbeitet für die Generäle, die, durch die Demokraten abgewählt, jetzt aus der Regierung herausgeflogen sind. Aber ihr Einfluß hält sich weiter. Sie haben während ihrer 21jährigen Militärdiktatur ein dichtes Netz gesponnen, gespickt voll mit ihren Leuten. Die Organisation FUNAI gehört dazu. Es war äußerst klug, unter dem Vorwand von Indianerschutz die absolute Kontrolle über weitgehend unerschlossene Gebiete zu bekommen. Die Indio-Reservate verfügen über unermeßliche Reserven von Gold und Edelsteinen, Uran und sonstigen Rohstoffen. Und FUNAI versperrt den Zugang.

»Und mit wem hat Orlando zusammengearbeitet?«

»Natürlich mit dem FUNAI. Und mit den Generälen. Er hat für sie heimlich tonnenweise Gold herausgeschafft. Denn es gibt in Brasilien ein Gesetz: jeder darf nach Gold suchen, aber er muß seinen Fund dem Staat verkaufen. Orlando hatte Verbindungen in die Schweiz. Dorthin hat er große Mengen Gold geschmuggelt. Doch in letzter Zeit gab es einige Pannen. Einige Kuriere wurden unzuverlässig. Einige Gold-Sendungen sind verschwunden.

Für den Schmuggel übrigens gibt es einen sehr einfachen Weg. Mit Al Italia von Rio de Janeiro – alle sind bestochen – nach Mailand. Von dort mit Trans-Europa-Express in drei Stunden nach Zürich. Der Zug wird nicht kontrolliert. Er fährt um 18.05 Uhr von der Statione Centrale Milano ab. Um halb acht ist er an der Grenze, vorher macht um 18.45 Uhr der Speisewagen auf. Ein Schaffner läuft durch die Waggons und nimmt Reservierungen für Tische entgegen. Dann marschiert man bequem mit dem Diplomatenköfferchen zum Dinner bei Kerzenlicht.

Die Schweizer Bundesbahn ist Klasse, es werden vier Gänge serviert, und die Zöllner wünschen ›Guten Appetit‹. Zwischen mariniertem Lachs als Vorspeise und Cordon bleu als Hauptgericht braucht man nur flüchtig den Paß vorzuzeigen. Es gibt übrigens einen sehr empfehlenswerten Wein: Mit einer Viper im Etikett.

Alles klar? Auch warum uns Orlando auf seinem U-Boot ›Graf Lübschow‹ empfangen hat? Er wollte uns sicherlich als neue Goldboten anwerben. Dafür gaukelte er uns ein bißchen Welttheater vor, mit zugegeben sehr interessanten Facetten: Abenteuer, Nazis, Götter, Sex und Aberglaube.

So besoffen konnte John freilich nicht werden, daß er alles ausgeplaudert und auch Namen genannt hätte. Dafür war er zu sehr eingefleischter Abenteurer, hartgesotten und gewissermaßen auch zuverlässig. Ein frostsicherer Kanadier eben, der nicht mal im Amazonas auftaute und sich sein französisches Blut auch nicht mit karibischem Rum verwässern ließ.

Immerhin wurmte ihn die gescheiterte Expedition doch. Er wäre mit einem Schlag alle seine Sorgen los und reich geworden. Denn Orlando hortete im Bauch seines U-Bootes einen beträchtlichen Goldschatz. Vielleicht glaubte er schon selbst an seine Berufung als Retter der Welt und plante einen Eroberungszug. Es gibt weltweit genug rechtsradikale Bewegungen, an deren Spitze er sich hätte stellen können. Johns Prognose war allerdings sehr skeptisch: Er glaubte nicht, daß es Orlando gelingen könne, mit seinem U-Boot bis zur Amazonas-Mündung zu gelangen. Er könne sich höchstens nach Peru absetzen. Der Rio Solimoes ist weiter auf dem Fluß Maranon bis nach Iquitos schiffbar. Dort müßte er dann jedoch besonders zuverlässige Verbündete haben, denn das Land stehe vor einem Bürgerkrieg. Die aufständischen Guerilleros lassen fast täglich Bomben explodieren, für Orlando also ein sehr heißes Pflaster.

Deshalb hatte John den geheimen Auftrag, Orlandos Goldschatz zu erbeuten und das U-Boot zu vernichten. Zum Teufel noch mal, daß es schief ging. Es muß der Häuptling Apuca Anju gewesen sein, der von der Expedition Wind bekam und Orlando rechtzeitig warnen konnte.

Und schließlich Pandora? Was ist mit dieser männermordenden Sphinx?? Hier ließ mich John lallend im Ungewissen. Das solle ich selbst herausfinden und ihm demnächst berichten. Hahaha. Er war ziemlich sicher, daß wir uns wiedersehen würden.

Mike bekam von John das Angebot, in Manaus zu bleiben. Für ein lukratives Geschäft. Schnelle Sache. Mike, abgefüllt mit Rum, schlug ein. Dann verführte Satan den guten John zu einem teuflischen Spiel. Er blätterte an der Theke lauter One-Dollar-Scheine hin und beschwerte sie mit vollen Gläsern Bacardi. Dann forderte er die Huren zum Wetttrinken auf. Nach jedem geleerten Glas durften sie die Prämie von einem Dollar einstecken. Das ganze Dorf schaute zu.

Gegen Mittag des nächsten Tages gab es in ganz Pirupiri nichts mehr zu trinken. Nur noch das trübe Wasser des Amazonas. Um den letzten Zehn-Dollar-Schein prügelten sich drei Huren fürchterlich, schlugen sich die restlichen Zähne aus und machten aus der ›Fenix‹-Bar Kleinholz. Wie es sich für einen kanadischen Ex-Marineoffizier geziemt, wankte John am bitteren Ende halbwegs gerade zum Hotel ›Beira Rio‹ und brüllte: »Wir sind absolut on time.«

Das bedeutete, daß der nächste Bus nach Manaus erst am nächsten Tag fahren würde. Bis dahin hatten wir genug Zeit zur Erholung, damit wir die mörderische Fahrt auf der Transamazonica durchhalten konnten.

Die Huren schliefen ihren Vollrausch meist auf offener Straße liegend aus. Es stank im Dorf noch stechender nach gärender Magensäure. Ich habe in einer Hängematte direkt über dem Fluß gepennt. Mike auch. Dank des hohen Alkoholgehalts in unserem Blut belästigten uns auch die Moskitos nicht mehr. Doch wir müssen immer noch bestialisch gestunken haben, als wir am Tag darauf nach 36 Stunden Busfahrt endlich in Manaus ankamen.

Jetzt weiß ich, warum die Transamazonica eigentlich ›Transamargura‹ heißt: Straße der Traurigkeit oder auch Straße der Tränen. Endlose Einsamkeit und endlose Weite, Löcher und Schlamm, kilometerlange Bodenrippen, die auch die besten Autos zerstören. Die Siedler vermieten in ihrem Elend ihre Töchter, oft gar nicht für Geld, sondern für Fusel.

Deprimiert kehrten wir also nach Manaus zurück, und ich nahm erst mal in einem der Liebeshotels ein Bad. Fünf Stunden im Schaum. Allein. Herrlich. Dann fuhr ich mit Mike und John in eine glitzernde Disco: ›Mil e um Noite‹ – Tausend-und-eine-Nacht. Auf der Bühne strippte eine wunderbare Morena aus Rio: Ein weißes Mädchen mit dunklen Haaren. Ihr ganzer Körper war mit Kokosnuß-Öl eingeschmiert, damit er im Scheinwerferlicht glänzte. Sie hieß Debora und duftete betörend. Ich spürte ihren Kokosextrakt noch am ganzen Körper, als ich in Belém zwischenlandete.

8

Die ganzen Strapazen waren mit dem ersten Schluck weggespült. Ich stehe an der Bar des Flughafens in Belém. Die Caipiroska schmeckt wie immer, oder vielleicht noch besser. Ich überschlage das Resultat. Zwei Wochen im Urwald: Mit dem Leben davongekommen und sogar den Termin geschafft. Übermorgen fliegt meine Maschine zurück nach Deutschland. Sämtliche Vorschüsse und Reserven sind restlos verbraucht. Gepäck und Kameras weg. Ich stehe in einer einzigen Hose und Hemd da. Wie geht es weiter?

Im Moment weiß ich es überhaupt nicht. Mike meinte mal, ich könnte mir in Wien von Herrn Wiesenthal die Liste der gesuchten NS-Verbrecher geben lassen. Gut zweihundert sollen sich noch in Südamerika verstecken. Der israelische Geheimdienst würde sicherlich mitziehen, wenn man neue Fakten auf den Tisch legte. Aber ich und Kopfgeldjäger in Südamerika? Hier, wo schon dreizehnjährige Jungs einen skrupellos umbringen, für lumpige fünf Dollar. Für hundert Dollar hetzt man einem eine halbe Armee von Killern auf den Hals. Nein, eigentlich bin ich froh, jetzt ruhig am Flughafen in Belém zu stehen. Ich bestelle noch eine Caipiroska, schon die zweite. Irgendwie muß ich ja feiern. Übermorgen fliege ich nach Hause, da gibt's keine Caipiroskas mehr.

Übermorgen? Aber was ist morgen? Ja, der Rückflug ist auf meinem LTU-Ticket fest gebucht. Damit habe ich ein paar Piepen gespart. An diesen Rückflug war die ganze Expedition gebunden: Samstag, der 19. Mai. Aber nun bin ich bereits am Donnerstag, den 17. Mai hier.

In zwei Stunden geht eine Maschine nach Recife. Dort habe ich Freunde in Maria Farinha mit einer schönen Villa am Strand unter Palmen. Bei denen könnte ich ausspannen, und Caipiroska trinken, vielleicht käme auch Aldenice vorbei. Wäre gar nicht schlecht, diese kleine Kassiererin von der BRADESCO-Bank mit ihrem kugelrunden Hintern in engen Jeans und festen Schenkeln. Der nächste Schluck Caipiroska beginnt meine Sinne zu schärfen. Auf Aldenice. Aber wenn sie nicht kommt?

Wie wär's denn überhaupt...? Nein, das ist zu verrückt, verdränge ich gleich den aufkeimenden Gedanken an Suheli. Nein, nein, unmöglich. Dafür reicht die Zeit wirklich nicht. Für einen Tag nach Rio fliegen, um Suheli nochmals zu sehen? Außerdem, es lohnt sich gar nicht.

Um diese verrückte Idee zu ertränken, schlürfe ich weiter an meiner Caipiroska. Doch damit wuchert die Idee erst richtig los. Wieso eigentlich nicht, warum sollte es sich nicht lohnen, nach Rio zu fliegen? Für einen Tag, einen ganzen langen Tag mit Suheli. Es wird sicher ein fantastischer, ein unvergeßlicher Tag werden.

Schon fühle ich mich von meiner inneren Stimme überredet, aber die Entscheidung will ich sozusagen dem Schicksal überlassen. Also kühlen Kopf bewahren und erst mal Suheli in Rio anrufen.

Kaum klingelt das Telefon, höre ich schon ihre Stimme. Als hätte sie auf meinen Anruf gewartet: »Suheli, ich bin's. Alles in Ordnung?« melde ich mich zaghaft.

Fröhlich jubelt sie durch den Hörer: »Wann kommst du?«

»Ich fliege übermorgen...«

»...nach Rio?« fragt sie aufgeregt.

»Nein, ich fliege gleich nach Deutschland.«

»Aber«, antwortete Suheli hastig, »die Maschine fliegt doch von Rio aus.«

»Nein«, entgegne ich noch forsch, »nein, ich fliege aus Recife zurück.«

»Warum?« und ich höre förmlich, wie sich ihr Hals zusammenschnürt: »Ich bin sehr traurig, ich habe auf dich gewartet, was ist passiert? Du wolltest doch zurückkommen nach Rio, warum hast du deine Pläne geändert?«

»Bist du jetzt wirklich sehr traurig?« fange ich mein Spielchen an.

»Ja, sehr – ich bin sehr traurig«, jammert Suheli, was portugiesisch noch herzerweichender klingt: »Eu muito triste.«

»Ich bin auch sehr traurig, aber...«

»Was aber?« flackert die Hoffnung am anderen Ende der Leitung bei Suheli auf.

Okay. Die Würfel sind gefallen, denke ich und schieße los: »Paß auf, Amore, es gäbe vielleicht doch noch eine Möglichkeit, daß wir uns sehen, aber ich muß das erst chekken. Ich rufe dich in einer Stunde wieder an.«

Offenbar wird diese Stunde für Suheli zur Ewigkeit, spüre ich. Für mich bedeutet sie einen Gang zum Flugschalter. Ich habe noch meinen Airpaß. Damit kann man innerhalb von zwei Wochen neun verschiedene Städte im Inland anfliegen. Zwei Strecken habe ich noch offen. Genau von Belém nach Rio und von Rio nach Recife. Das entspricht meinem Plan. Einem total verrückten: eine ganze Nacht durchzufliegen, um morgen früh in Rio zu sein. Pingapinga heißen diese Nachtflüge: Tröpfchen, Tröpfchen – weil die Maschine in jedem Nest ›niedertröpfelt‹ und die Passagiere wie ein Lumpenexpress einsammelt.

In Rio werden wir gleich ins Copacabana Palace gehen. Tageszimmer im ANEXO. Abends Rückflug nach Recife. Dort habe ich dann noch einen Vormittag für meine Freunde in Villa Maria Farinha, und vielleicht treffe ich auch noch Aldenice, aber die ist dann nicht mehr wichtig, wenn ich Suheli getroffen habe. Nun ist mir klar, ich habe etwas ganz Tolles ausgeklügelt. Keine Zweifel, es wird klappen. Und am Schalter bestätigt sich gleich dieses Gefühl: Ich habe für beide Flüge Okay.

Jetzt lasse ich mir gemütlich Zeit, und es macht mir diebische Freude, Suheli erst pünktlich nach Ablauf der langen Stunde anzurufen. Sie fiebert am Telefon: »Und?«

Ich spanne sie noch etwas auf die Folter: »Liebst du mich eigentlich?«

»Sehr, ich liebe dich wahnsinnig.«

Das Spielchen macht mir Spaß: »Wirklich?«

»Ja, ich werde auch wahnsinnig traurig sein, wenn du nicht kommst.«

»Sag noch mal, daß du ganz verrückt nach mir bist«, verzögere ich die beglückende Antwort.

»Eu ti amo – ich liebe dich – muito, muito, muito – sehr, sehr, sehr.«

»Also, dann komme ich!«

»Ich hole dich vom Flughafen ab«, zwitschert sie glücklich, und ein langer Quietscher summt im Hörer: »Eu muito feliz – ich bin sehr glücklich – muito, muito, muito – sehr, sehr, sehr.«

»Trans Brasil, para Fortaleza, Natal, Recife, Maceo, Salvador, Rio de Janeiro«, schallt eine rauchige Chansonstimme durch die Abflughalle. Meine Maschine wird ausgerufen. Ich muß mit dem Gespräch Schluß machen: »Also bis morgen, meu Amore. Ich küsse dich.«

Und während ich einhänge, strömt von Suheli noch ein Schwall von Küssen durch die Leitung: »Beijo, beijo, beijo...«

Aus dem Pinga-Pinga-Flug wurde ein unendlicher Trip. Zu den planmäßigen sechs Stunden läpperten sich noch zwei Stunden dazu. Ein heftiger Platzregen im nördlichen Fortaleza, eine Verzögerung in Salvador. Statt um sechs lande ich erst kurz vor acht Uhr in Rio.

Ob Suheli noch auf mich wartet?

Ich haste die endlosen Gänge entlang. In der Ankunftshalle lärmt es. Verwandte, Freunde, Touristen. Alles fällt sich in die Arme. Geldwechsel im Schwarzkurs und mindestens ein Dutzend Farbige und Weiße quatschen einen gleichzeitig an: »Hotel? Taxi? Sauna? Restaurante?«

Sie stecken einem Adressen von Juwelieren zu. Und dann lauern hier schon die Mulattas: Pantheras aufgedonnert und zum Sprung bereit, sich einen Gringo zu schnappen. Meist haben sie ein Stockwerk höher ihren Gringo eben erst beim Abflug verabschiedet und jetzt schauen sie nur mal schnell vorbei, vielleicht gibt es frische Beute...

Viele Mulattas warten schon auf ihren Macker aus Alemanha oder Italia, man kennt sich von früher und hat sich monatelang geschrieben: Jetzt steht hier die ganze Sippschaft als Empfangskomitee bereit, Mutter, Schwester, Cousine und ein Haufen ulkiger Kinder mit Krauskopf.

»Rudi, Rudi!« höre ich jemanden hinter mir laut rufen. Aber wo ist Suheli?

Beinahe hätte ich ein kleines Persönchen umgerannt. In weißem Kleid und roten Stöckelschuhen steht sie vor mir, zierlich, die Haare im Dutt und die kleine Nickelbrille auf der Nase. Ich freue mich, sie zu sehen! »Suheli?«

»Amore«, wirft sie sich um meinen Hals: »Tudo bem – alles klar?«

Nicht ganz. Ich bin etwas verstört. Also im Moment habe ich Suheli gar nicht erkannt. Auch sie ist verwirrt. »Ach ja, die Brille«, entschuldigt sie sich und steckt sie schnell in ihr rotes Täschchen.

»Hab' ich vorher vergessen. Die Maschine ist so verspätet und ich bin sehr müde geworden, da habe ich die Brille aufgesetzt, damit ich dich nicht übersehe.«

Suheli schaut mich verlegen an: »Hoffentlich liebst du mich auch mit der Brille?«

»Aber sicher, meu amor. Und wie ich dich liebe!«

Dann drücke ich Suheli an mich und küsse sie lange. Ich spüre, wie Suhelis Herz aufgeregt klopft und wir steigen in ihren Wagen, den sie in der Tiefgarage abgestellt hat.

Ich streichle ihren Nacken, kraule sie an ihren neckischen Öhrchen. Sie fährt los wie ein Teufelchen und mich fesseln ihre schlanken Beine, die graziös zwischen Gaspedal und Bremse tänzeln. Ich lege meine Hand auf ihre Schenkel, schlüpfe sachte unter ihren Rock und taste mich zu ihrem Spitzenhöschen. Sie befeuchtet die Lippen, zuckt zusammen und gibt noch mehr Gas.

Es ist gerade Stoßzeit und die Straßen sind verstopft. Wir schlingern haarscharf an Bussen vorbei, kleben Stoßstange an Stoßstange im Verkehr.

»Zum Anexo?«

»Ja, mein Engel, am liebsten würde ich fliegen!«

Suheli schnurrt und wir wissen beide, es wird wunderbar. Ein Tag im ›Anexo‹ voll ausgehungerter Leidenschaft und Samba auf dem Gipfel des Vulkans.

Und es ist diesmal kein Traum! Wie ich mit Suheli vom Flughafen durch die Stadt fahre, im Hotel einchecke, wieder das gleiche Apartment 753 bekomme, die Tür hinter mir abschließe... Suheli darf sich nicht mal ausziehen. Ich werfe sie auf das Bett. Jetzt bin ich das Raubtier und sie ist meine Beute – Coelho, Häschen – Coelinho.

Ich hebe ihre Beine auf meine Schultern, reiße ihren roten Schlüpfer herunter und verschlinge sie. Sie kreuzt ihre Beine auf meinem Rücken, gibt mir mit den Absätzen die Sporen. Dann dreht sich Suheli um, mit dem Rücken zu mir, kniet sich hin, hält sich am Bettgestell fest und wir sehen uns im großen Wandspiegel. Diese Optik reizt mich. Ich verstecke mich hinter Suheli, so daß ich nicht meinen Kopf, sondern nur meine Hände im Spiegel sehe. Ich betätschle sie wie ein Barbar, hebe ihren Rock, entblöße ihre Knie bis zum Schenkel. Sie wirft wild ihren Körper vor und zurück, legt den Kopf auf meine Schulter und faucht in mein Ohr: »Schlag mich, kratz mich, beiß mich.«

Ihr weißes Kleid ist verrutscht, zerknüllt, was sie noch verruchter aussehen läßt – ich komme mir vor wie ein Pirat, der eine entführte Fürstentochter liebt.

In diesem Augenblick klingelt das Telefon: »Nein, bitte nicht rangehen«, fiebert sie. »Nein...« Das Telefon klingelt hartnäckig weiter. Suheli stöhnt. Ich reiße sie vom Bett zu Boden. Enthemmt!

Ich ziehe ihr Jäckchen aus, es fliegt in die Ecke, sauge mich an ihren heißen Brustwarzen fest. Sie drückt mich fest an sich. Wir knien am Boden, ich stütze mich gegen den Bettrand, dann fallen wir in Ekstase.

Wie lange dauert dieses Spiel schon? Eine Stunde? Zwei? Ich blicke auf die Uhr. Es ist halb zwei.

Um zehn Uhr abends geht meine Maschine zurück nach Recife. Um acht Uhr muß ich aus dem Hotel. Da bleiben mir also noch sechs Stunden Zeit.

Die will ich restlos nützen. Ein schier unstillbarer Liebeshunger packt mich. Ein Feuer der Begierde lodert. Suheli löst sich aus meiner Umklammerung und taumelt ins Bad.

Ich strecke mich auf dem Bettvorleger aus. War das ein irrsinniger Flug, jetzt muß ich erst wieder Luft schnappen. Am Himmel ziehen dunkle Wolken auf, über die Copacabana breitet sich Melancholie aus. Rio besteht nicht nur aus azurblauem Himmel, sondern auch aus schweren schwarzen Wolken, die sich in bizarren Formationen jagen und in Wassermassen zu Boden prasseln. An solchen Tagen fällt einem die Decke leicht auf den Kopf – das quicklebendige Rio wird zur menschenleeren Kulisse.

Heute scheint die Sonne nicht mehr durchbrechen zu wollen. Aber heute freut mich das. Es zieht mich nicht zum Strand, keine Tangas und knallige Bum-Bum-Hintern lenken die Gedanken ab. Ich bin voll auf Suheli konzentriert. Ich will sie bis zur Bewußtlosigkeit lieben, als sollte morgen die Welt untergehen.

Ich atme nochmals tief ein und richte mich vom Boden auf, trotte zum Badezimmer: Dicke Dampfwolken umschließen mich. Suheli duscht heiß und hat den Plastikvorhang vor der Badewanne zugezogen, wie in Hitchcocks-Psycho-Thriller. Mich überwältigen meine Triebe und ich stürze mich auch unter die Dusche. So wie ich bin, in Hemd und Hose.

Ich wickle Suheli in den Plastikvorhang ein, das heiße Wasser gischtet und dampft über uns wie eine Brandung. Suheli lacht: »Verrückt, du bist verrückt.«

Sie befreit sich wie eine Katze aus dem Vorhang, schöpft aus den Duschstrahlen den Mund voll und zischt es mir ins Gesicht. Ich räche mich prompt mit sprudelnder Mund-zu-Mund Einspritzung. Suheli spuckt zurück wie aus der Wasserpistole geschossen. Sie lacht und rubbelt das Shampoo aus ihren Haaren.

Ich ziehe meine nassen Klamotten aus, Suheli greift nach mir, zieht mich zu sich. Wasserspiele. Liebe unter der heißen Dusche. Wir seifen uns ein, reiben die Körper aneinander. Der Dampf hat das Badezimmer zur Sauna gemacht. Abrupt schlingelt sich Suheli aus meiner Umarmung und hockt sich auf die Toilette. Ungeniert lächelt sie mir zu, runzelt die Stirne und springt dann wie ein aufgescheuchtes Reh zurück unter die Brause.

Rio macht frei. Da gibt es Sachen, die man sich sonst gar nicht vorzustellen wagt, man macht sich keine Gedanken darüber. Mir fällt eine Begebenheit in Manaus und Rajuza ein: Einmal, als ich entspannt auf der Toilette die Zeitung las, überraschte mich Mike dabei. Mit seiner Freundin im Arm, einer gertenschlanken Giraffen-Mulatta mit Melonen-Hintern. Mike erregt und beide splitternackt turtelten sie miteinander, als wäre ich gar nicht da. Sie zogen den Plastikvorhang zu, duschten und trieben es laut stöhnend miteinander. Laut flüsterten sie sich lüsterne Worte zu, Mike kniete vor der Mulatta und vergaß die ganze Welt.

Die Dusche prasselte über seinen Kopf und Mike tat als wäre die Mulatta eine Dachrinne, aus der man trinken könne. Ich legte die Zeitung weg, schob den Plastikvorhang etwas beiseite und belauschte die beiden.

Jeder Voyeur käme in Rio voll auf seine Kosten ohne den faden Beigeschmack, etwas Verbotenes zu tun. Es ist hier eben etwas völlig Natürliches. Nach einer Weile erhob ich mich von der Toilette, drückte die Spülung nieder, ging in mein Zimmer und hockte mich vor den Fernseher, als ob nichts gewesen wäre. Das ist Brasilien. Ich kann mich auch nicht erinnern, daß sich hier jemand über Potenzschwäche beklagt. Von wegen impotent! So schnell kann man die Hosen gar nicht runterlassen. Allzeit bereit – und stets kribbelt es zwischen dem dritten und vierten Lendenwirbel.

Suheli machte es mir unter der Dusche auf französisch. Der Schaum des Bade-Gels rinnt dabei auf ihren Busen, und ich muß mich festhalten, um das Gleichgewicht nicht zu verlieren. Noch habe ich fünf Stunden Zeit bis zum Abflug nach Recife.

»Gustoso!«

Patschnaß, köstlich. Brasilianische Badefreuden ohne Grenzen.

Aber jetzt habe ich doch Appetit auf ein Filet-Sandwich

mit viel Senf, ganz scharfem, einer gegrillten Tomate und eiskaltem Bier...

Der Roomservice läßt sich Zeit. Anscheinend herrscht Hochbetrieb an diesem verregneten Nachmittag. Aus der Suite nebenan höre ich verdächtige Geräusche und das unverkennbare ›Gustoso‹.

Suheli schaltet das Fernsehen ein. Paulchen Panther schiebt eine Ente in die Backröhre. Das ist auch so ein Bumsding. Wann und wo auch immer diese Zeichentrick-Serie läuft, bleibt alles stehen. Auch Suheli vergißt völlig sich abzutrocknen, mit nassem Hintern kriecht sie ins Bett. Als der Kater Mikesch herumschleicht, merkt sie gar nichts von seinen Pfötchen. Ich bin nämlich schon wieder in Hochform. Und Suheli ist von der Micky Maus begeistert. Soll ich die Glotze ausknipsen oder Suheli weiter befummeln – aus diesem Dilemma reißt mich der Roomservice. Die duftenden Filet-Sandwiches kitzeln Suhelis Nase doch stärker als der rosarote Panther.

»Bon apetito!«

Wir essen im Bett sitzend, kleckern mit Ketchup und Senf. Suheli erzählt lebhaft: Die Europa Tournee. Im Juni geht's los. Zwanzig Mulattas. Suheli hat ihren Vertrag bereits unterschrieben.

»Richtig, ein Sommer in Italien und der Schweiz ist auch nicht schlecht.« Ich werde Suheli sicherlich öfters wiedersehen. »Wir werden zu den Seen und in die Berge fahren«, male ich aus. Eine Mulatta in den Alpen ergänzt die Landschaft reizvoll.

»Sargantelli ist ein Schwein«, wechselt Suheli das Thema. Senf tropft auf ihren Busen.

»Wie kommst du gerade jetzt darauf?«

»Ein altes Ferkel ist er«, wiederholt Suheli mampfend.

»Ja, Sargantelli, der Gründer des Oba Oba, weiß ich. Und was ist mit ihm los?« frage ich beiläufig.

Suheli zupft mit den Zähnen am Filet und holt aus: »Er stand auf alle Tänzerinnen aus der Gruppe, die holte er sich immer ins Büro, sie mußten ihre nackten Popos rausstrekken und er küßte sie. Der Reihe nach.«

»Ein Gourmet!«

Suheli schüttelt den Kopf: »Ich mag's nicht. Ich finde so was unnatürlich.«

»Hast du auch mitgemacht?« weckt sie meine Neugier.

»Alle Tänzerinnen vom Oba Oba mußten mitmachen. Sonst hat sie der alte Lüstling rausgeschmissen. Das war die erste Bedingung, um bei Sargantelli zu tanzen. Alle Mädchen mußten ihm willig sein. Alle mußten sich küssen lassen«, entflammt Suheli heftig. »Ich finde, das ist eine Ausbeutung der Frau...«

»Nanu, bist etwa auch du eine Emanze?« frage ich, von Suhelis Entschlossenheit plötzlich überrascht: »Frauenrechtlerin etwa? Kampf dem Mann?«

»Nein, ich mag Männer, ich gehe auch gerne mit ihnen ins Bett, aber ich möchte es mir selber aussuchen mit wem. Ich finde es ungerecht, wenn ein Mann seine Macht mißbraucht. So wie Sargantelli. Du hast bei ihm keine andere Chance gehabt, sonst bist du geflogen.«

Immerhin hat dieser Lustmolch von Sargantelli die Mulatta in der ganzen Welt berühmt gemacht. In den Revue-Palästen von New York bis Paris. Viele von diesen Mulattas landeten nach dem Höhenflug ihrer Karriere in der Gosse. In den Animierschuppen rund um die Place Pigalle in Paris oder in den Puffs von Barcelona oder in der Frankfurter Moselstraße. Überall, wo rote Laternen brennen, findet sich eine Brasilianerin.

Und es überrascht kaum, wenn man erfährt, daß sie früher im ›Oba Oba‹ aufgetreten ist.

Und wer wird Sargantelli seine Sex-Praktiken verübeln? Er hat sich eben als erster bedient. Ich wollte mit Suheli nicht darüber streiten. Nicht jetzt. Wir hatten nur noch knappe drei Stunden bis zum Abschied. Und sie drehte mir gerade ihren wunderbaren Hintern zu. Duftend nach Badeöl, frisch mit parfümierter Creme eingeschmiert, weich und warm, rund wie das Symbol der Mutter Erde. Nein, es gibt nichts schöneres als der Hintern einer Samba-Tänzerin. Sargantelli hat es im Prinzip ganz richtig erkannt. Ein alter Durchblicker.

Ich schließe mein Rio-Tagebuch. Stichwort: Sargantellis Kußparade. Unter mir schwimmt das Lichtmeer davon. Ich sitze in der Maschine von Rio nach Recife. Der Verkehr war wieder mörderisch, und wir brausten in letzter Minute an. Besser so. Der Abschied fiel leichter.

Ich habe versprochen, Suheli in Italien oder in der Schweiz zu besuchen. Sie will mich sofort anrufen, wenn sie ankommt. Ich hielt sie kurz im Arm und murmelte etwas Unklares von Liebe. Mehr fiel mir nicht ein. Ich fühlte mich total leergepumpt.

Suheli ließ ihren Nachtauftritt im ›Oba Oba‹ sausen. Sie muß mich wirklich lieben. Ich habe ihr nicht mal viel Geld geschenkt. Lächerlich, etwa 150 Mark. Schämte mich etwas vor mir selbst, wenn ich daran dachte, wie manche Barschlampen an der Copacabana abkassieren, 100 Dollar pro Nacht und noch mehr. Suheli verlangte kein Geld. Als ich ihr welches in die Handtasche steckte, bedankte sie sich mit den Augen. Und dann sprach sie von Liebe. Beim letzten Kuß wiederholte sie nur: »Du bist das Wichtigste in meinem Leben. Ich habe heute meine Tochter deinetwegen im Stich gelassen. Sie hat heute Geburtstag und freute sich auf mich. Sie hat den ganzen Tag vergeblich auf mich gewartet.«

Um mein Gewissen zu beruhigen suche ich nach Trost-Argumenten. Bei Mineralwasser fange ich an, diesen Liebesbazillus aus Rio zu kurieren und Suheli zu verdrängen. Sollten wir uns nicht mehr begegnen, wird ihre Trauer spätestens im nächsten Karneval verfliegen. Sie wird mit einem anderen Mann tanzen, Samba, und neue Gefühle werden entflammen. Und je mehr wir uns Recife nähern, um so stärker taucht das Bild von Aldenice auf. Ich habe sie bei einem meiner früheren Aufenthalte hier kennengelernt. Sie hatte mir inzwischen ein paarmal geschrieben.

Aldenice gehört zur Rasse der superhellen Mulattas, nur leicht von Bronze angehaucht. Das Aufregendste an ihr waren die Schenkel. Fleischig, kräftig, fest. Ein Schraubstock, der einen wie eine Fruchtpresse einschließt und ausquetscht. Oooh, Aldenice, ich würde mich so gerne wie eine Zitrone ausquetschen lassen, aber diesmal klappt es nicht. Vielleicht das nächstemal. Und Suheli?

Nein, es sind zwei Paar Stiefel: Suheli bedeutet mir sehr viel. Vielleicht sogar echte Liebe? Aldenice ist eine Spielkatze, eine ganz wilde. Und sie verfolgt mich den ganzen langen Transatlantik-Flug von Recife bis München. Ich ahne Schlimmes. Verdammt harte Zeiten stehen mir bevor. Der Virus brasileus sexus wird mir noch schwer zu schaffen machen. Die Entzugserscheinungen werden übel sein. Es bleibt mir nur eine Therapie: sofort die nächste Reise nach Brasilien zu planen.

9

Drei Monate später. Harte drei Monate, wohlgemerkt ohne Samba und Mulattas. Eine quälende Zeit. Alles ist lausig. Der Nazi-Peter aus Ibiza antwortet nicht mehr, ich habe noch keine Kohle für meinen nächsten Brasilien-Trip verdient, und auch von Suheli gibt es keine Nachricht. Und jetzt dieser LÖWE...

Furchterregend fletscht er die Zähne und streckt seine Pranke angriffslustig aus. Daß sein Magen knurrt, merkt man sogar auf dem Foto, das mir aus dem Briefkasten entgegenpurzelt. Eine Postkarte aus der Schweiz. Zoo-Café-Restaurant ›Seeteufel‹ in Studen.

Ich überfliege die Kinderschrift. Suheli. Das Herz springt mir beinahe aus dem Hals: Das ist von Suheli!

Sie schreibt mir. Sie hat mich nicht vergessen. Entschuldige, et cetera, viele Grüße, aber wo ist die Adresse?

Bureau, 2 Avenue des Boveresses, Ch – 1010 Lausanne...

Keine Telefonnummer? Nein!

Wie, zum Teufel, soll ich jetzt eine Verbindung aufnehmen?

Aber ich wäre ja kein rasender Reporter, wenn ich das nicht rausfinden würde. Also recherchiere ich knallhart. Bis zum Nachmittag habe ich die Tourneepläne sämtlicher brasilianischer Showtruppen zusammen. Vom ›Brasil tropical‹ bis ›Carneval do Rio‹. Ich erfahre sogar, daß eine Truppe gerade auf Taiwan gastiert und eine andere auf Hawaii. Nur von einer Agentur in Lausanne hat niemand von den zuständigen Impressarios jemals was gehört.

»Die gibt es nicht.«

Nach zwei Tagen drehe ich durch. »Gibt's nicht, gibt's nicht...«

So dumm wird doch Suheli nicht sein, daß sie mir eine Adresse schreibt, die nicht existiert. Aber vielleicht ist sie brasilianisch schlampig und weiß nicht, was Bureau heißt.

Noch zwei erfolglose Anrufe, und mein Entschluß steht fest: Ich fahre in die Schweiz. Mit dem Zug sind es genau fünf Stunden nach Zürich und zwei weitere Stunden nach Lausanne... Um 21 Uhr bin ich dort.

Und hier stehe ich jetzt: vor einem grauen Wohnblock. Die Adresse stimmt: Avenue des Boveresses, Nummer 2. Der Taxifahrer mußte sie gar nicht suchen. Es ist eine breite Straße in einem Wohnviertel. Am Eingang leuchten zwei Reihen von Klingelschildern. Viele Namen, aber keine Agentur. Kein Bureau.

Es hat auch niemand im Haus etwas dergleichen gehört. Ich klingle trotzdem unermüdlich an allen Wohnungstüren. Der Hausmeister ist verreist, kann ich nur erfahren. Bis mir jemand doch einen Tip gibt: Vielleicht ganz oben, im letzten Stock.

Ich läute unten an der Haustür. Nichts rührt sich. Ich warte. Bis Mitternacht. Dann sehe ich zwei Männer kommen. Ein jüngerer und ein älterer, der humpelt. Ich schließe mich den beiden an, als würde ich im Haus wohnen, mal sehen, wie sie reagieren.

Erst überhaupt nicht. Sie öffnen die Haustür und ich betrete mit ihnen den Flur. Wir fahren zusammen mit dem Aufzug hoch. Sie drücken den Knopf für die letzte Etage, ich steige ein Stockwerk früher aus, renne aber gleich die Treppe hoch. Die müssen es sein, die Männer vom Bureau. Sie sprechen spanisch.

Und sehr schlecht deutsch. Denn als ich sie frage, antworten sie französisch. Okay, dann laß uns gleich portugiesisch reden. Das hilft frappant. Der jüngere ist ein Marokkaner, der ältere heißt Manuel und kommt aus Rio.

»Ja, wir vermitteln brasilianische Tänzerinnen, woher wissen Sie das?« fängt er an mich zu verhören.

Ich erzähle ihm meine Geschichte. Manuel schüttelt den Kopf: »Problema, problema...«

»Warum?«

»Hmmm, wir haben zwei Mädchen aus Rio, die Suheli heißen, welche suchen Sie nun?«

Manuel zeigt mir zwei Fotos. »Die linke, die ist es, Suheli.«

Manuel schüttelt wieder den Kopf: »Suheli? Aber die heißt Palmera. Hat sie es Ihnen nicht geschrieben?«

»Nein.«

Ich schaue Manuel ganz verzweifelt an. »Sie ist es aber, glauben Sie mir.«

Manuel greift zum Telefon. Wählt eine lange Nummer, verlangt den Chef. Er ruft in einem Nachtclub an.

Nach einer Weile hat er sie dann an der Strippe: »Palmera«, und er reicht mir den Hörer. »Sie können mit ihr reden.«

Ich bin vorerst so verblüfft, daß ich kein Wort rauskriege, nur dieses einfältige: »Tudo bem?«

»Sim, tudo bem«, antwortet Suheli. Und plötzlich ist es wieder wie in Rio.

»Ich muß dich sehen.«

»Sofort?«

»Sofort!«

»Oh, dann bin ich sehr glücklich.«

»Wo bist du eigentlich?« frage ich schnell, ängstlich, daß die Leitung zusammenbricht.

»Gib mir Manuel«, nuschelt sie.

»Liebst du mich noch?« frage ich.

Lange Pause: »Ich weiß nicht, ich muß dich erst mal wiedersehen...«

Ich übergebe Manuel den Hörer. Er schreibt mir Suhelis Adresse auf und auch das Cabaret, in dem sie arbeitet. Es gibt aber ein Problem. Suheli ist nicht in Lausanne, sondern in Martigny. Gut 80 Kilometer entfernt.

»Der letzte Zug... Moment mal«, Manuel schaut auf die Uhr, »ist weg. Er fährt kurz nach Mitternacht, jetzt ist es halb eins.«

»Und Leihwagen?«

»Schon geschlossen. Wir sind in Lausanne.«

»Das ist richtig.«

»Wollen Sie ein Taxi?« schlägt Manuel vor.

Ich muß passen: »Kein Geld.«

»Verstehe!«

»Tja, dann erst morgen«, grinst Manuel und formt mit Daumen und Zeigefinger eine Öse: »Chochota«, lacht er ätzend.

Ich weiß, was er meint, er braucht es mir nicht zu zeigen. Aber ›Chochota‹ ist unverschämt! Ich denke doch nicht nur so an Suheli, ich liebe sie! Aber das versteht so ein Manuel nicht. Darauf kommt dieser verkrüppelte Alte ja gar nicht, daß jemand wegen einer ›Chochota‹ durch die ganze Schweiz hetzt, sich in der Nacht vor einem fremden Haus den Hintern abfriert. Nur um rote Ohren am Telefon zu bekommen. Nein. Ich will auch keine ›Chochota‹ heute. Ich bin glücklich, daß ich Suheli gefunden habe. Jedenfalls bin ich Manuel auch dankbar. Sogar sehr.

10

Der Weg von Lausanne nach Martigny windet sich malerisch am Genfer See entlang, mit einer herrlichen Alpensilhouette im Hintergrund. Schwere Wolken hängen wie Rauchschwaden am herbstlich düsteren Himmel. Ich suche im Autoradio nach fröhlicher Musik. Aber im Äther ist's auch ziemlich trübe, bis plötzlich die Wolkendecke aufreißt im riesigen Tiegel der schwarzen Bergmassive. Ein Bündel Sonnenstrahlen kämpft sich durch und läßt den See wie geschmolzenes Gold erglühen. Die Erde kocht, Luzifer selbst rührt das brodelnde Edelmetall in seiner Schmiede.

Die Natur inszeniert eine Wagner-Oper, Rheingold 1. Akt – und vor mir schert plötzlich ein schwerer Laster aus. Ich trete voll auf die Bremse. »So ein Trottel«, schimpfe ich für mich. Franzosen in der Schweiz sind noch schlimmer als Ostfriesen in Bayern. Der Laster bleibt wegen Tempo 100 hinter mir kleben und blendet mich im nächsten Tunnel mit vollem Fernlicht. Bastard.

Meine Stimmung ist ziemlich am Nullpunkt angelangt, bis ich in Martigny eintreffe. Über dem Ort lastet Provinzmief. Alle Autos geben an der breiten Durchfahrtsstraße Gas, um schnell fortzukommen. Links in die Weinregion der Walliser Alpen oder rechts in die Skigebiete von Chamonix und Mont Blanc.

Ich kann mir gar nicht vorstellen, was, zum Teufel, in diesem Loch brasilianische Tänzerinnen suchen. Eine leise Vorahnung beginnt mich zwar zu beunruhigen, ich verdränge sie aber, indem ich an Rio denke. An den heißen Abschied von Suheli am Flughafen. Ich sehe sie vor mir, ganz in Weiß, wie sie mit Gazellen-Gang davonfedert, ihr engelhaftes Lächeln und die süße kleine Nickelbrille, die so neckisch von ihrer Nasenspitze rutscht.

Frauen mit Brille haben überhaupt auf mich eine besondere Wirkung. Schon als Schulknabe fühlte ich mich zu ihnen hingezogen. Ich glaubte, man müsse ihnen nur das Augenglas abnehmen, und schon seien sie verloren. Weil sie schlecht sehen, könne man mit ihnen alles machen. Sie wären einem wehrlos ausgeliefert.

Ein Erlebnis hatte das auch bestätigt: Eine Musterschülerin aus der gleichen Klasse, mit Klavierunterricht und zu Hause verwöhnt, zwar spindeldürr mit Krähenfüßen, aber das störte mich nicht, faszinierte mich durch ihre dicke Brille. Sie war kurzsichtig, blind wie ein Maulwurf. Ich vermutete, daß sie auf zwei Schritte nicht erkennen würde, wenn ich meine Hose öffnete. Erst wenn sie's spürte, würde sie erschrocken aufschreien: »Was ist denn das?«

»Oh, Lohengrin, nie sollst du sagen, wo kommst du her und wo gehst du hin.«

Genau so war's, als ich mich einmal nach dem Unterricht mit ihr im Wald verabredete. Ich nahm ihr die Dioptriengläser weg und spielte mit ihr Blinde Kuh. Alice hieß sie, und allmählich tauchten bei mir weitere Details in der Erinnerung auf. Das häßliche Entlein trug Strapse schon mit Fünfzehn – und in meiner Lendenzone begann es angenehm zu kribbeln. Aber stop! Die Ortstafel von Martigny zeigte Ende.

Ich wende gleich und stoße, wie an unsichtbaren Fäden geleitet, auf das ›Hotel Grand-Quai‹. Hier also muß Suheli wohnen, wenn die Adresse stimmt.

Der hochtrabende Name ›Hotel Grand-Quai‹ steht für eine ziemlich miese Herberge am Straßenrand. Staubiger Parkplatz davor, Restaurant und von weitem stinkende Küche. Pommes frites und Steaks. Die Speisekarte erübrigt sich, es schmeckt alles gleich nach verbranntem Öl.

Die Glastür zum Hotel ist mit bunten Etiketten vollgeklebt. Dutzende von Reisebüros und Omnibusfirmen empfehlen sich. Es ist kurz vor Mittag, und anscheinend erwartet man eine Fuhre von Bustouristen zum Abfüttern, denn die Luft ist bis zur Rezeption vom Steak-Rauch zum Schneiden dick.

Ich läute an der Hausglocke. Eine dicke Wirtin schaut raus, läßt mich aber gleich abblitzen, als ich nach ›Mademoiselle Palmera‹ frage. Es wirkt, als hätte ich zu ihr ›du Drecksau‹ gesagt.

Nach langer Pause kugelt sich ein schmuddeliger Spüler aus der Küche heraus. »Sie wollen zu der Brasileira?« lacht er verschmitzt und streift seine vor Fett triefenden Finger an der karierten Hose ab. Er stinkt nach ranziger Butter, aber er führt mich höflich über den Hof. Dabei winkt er zum vergammelten Rückgebäude und zeigt mit gerecktem Mittelfinger nach oben: »Brasileira, gut Fuck.«

Am liebsten würde ich ihm eine scheuern, aber eigentlich hat er gar nicht so unrecht. Was soll's. Außerdem fischt der Spüler schon den Schlüssel aus seiner Hosentasche, öffnet die Tür und winkt mich rein: »Erster Stock, Nummer 19.« Ein dreckiges Lachen, und er sperrt hinter mir wieder zu.

Mir wird etwas mulmig: Wo bin ich denn da gelandet?

Zigarettenkippen, eingetreten in den verdreckten Kokosläufer, das Treppenhaus voller Müllsäcke. Auf Knopfdruck flackert ein fahles Licht auf, und ich schleiche durch einen engen Korridor. Die Nummer 19 ist ganz in der hintersten Ecke. Dort bleibe ich erstmal stehen. Ruhig! Das Herz tukkert mir im Hals. Ich vergewissere mich nochmals, bevor ich anklopfe, und lausche an der Tür Nummer 19. Dahinter säuselt leise Musik. Suheli schläft offenbar nicht. Ich klopfe an und gleich fragt sie: »Bist du es?«

»Jawohl, ich bin's.«

Ich drücke die Klinke nieder, die Tür ist offen. Nein, das Wiedersehen habe ich mir anders vorgestellt. Nicht in einem schmuddeligen Zimmer mit Vorhängen verdunkelt. Sondern...

Suheli liegt im Bett, eingemummt in einen Frottee-Bademantel, aus dem nur ihr Kopf hervorlugt. Sie muß frieren, weil sie sich so in die zerknüllte Decke eingewickelt hat. Die Decke ist schmutzig grün. Früher dürfte sie vielleicht rosa gewesen sein oder orange. Und Suheli?

Ihre seidige Mulattahaut glänzt nicht. Die kurzen schwarzen Haare zerzaust, schaut sie mich mit verschreckten Rehaugen an: Keine Panthera. Sie preßt ihr zusammengeballtes Fäustchen auf den Mund, lutscht an ihrem Daumen. Ein Häuflein Elend, ein streunender Hund, den sein Herrchen gerade gefunden hat. Dann winkt mich Suheli matt zu sich, rutscht etwas seitwärts zur Bettmitte.

Ich setze mich zu ihr, nehme sie in die Arme. Ein Kuß und noch einer. Plötzlich erwacht auch die Leidenschaft aus Rio. Nur an ihren neuen Künstlernamen muß ich mich noch gewöhnen: »Palmera«, flüstere ich. Sie kichert: »Palmera Brasileira – ich bin eine Palme aus Brasilien.« Und ihre Augen leuchten wieder auf. Sie drückt sich an mich und haucht: »Komm, komm zu mir.«

Ich ziehe mich schnell aus. Suheli öffnet ihren rosa Bademantel. Wir kuscheln uns zusammen: »Liebst du mich noch? So wie damals im Anexo?»

»Ja«, stöhnt sie und ich spüre ihre Hand. Als sie findet, was sie sucht, strahlt sie glücklich. Sie beginnt, mich im Samba-Rhythmus aufzuschaukeln. Liebe mit Palmera in einer Absteige. Ich begehre sie auf einmal wild, bäume mich auf, und Suheli verschwindet unter mir. Sie küßt meine Brustwarzen und schiebt langsam ihre Beine auseinander. Kaum sind wir vereint, da lärmt es plötzlich von nebenan: »Du Drecksau, hau ab!«

Suheli drückt mich fester an sich. »Nein, bleib« – und während sie mit ihrem Schoß kreist, erzählt sie: »Nebenan wohnt ein Transvestit aus Lyon, der streitet sich immer mit seinem Freund.«

Der Lärm von drüben wächst, Töpfe knallen gegen die Wand, eine Tür schlägt zu. »Mach, daß du wegkommst, du Schwein, miese Drecksau!«

»Ruheeee!« schreit eine ordinäre Frauenstimme dazwischen, und Suheli meint belustigt: »Das ist Zizimarie, eine Striptease-Tänzerin, sie arbeitet auch im Nachtclub.«

»Ich will schlafen hier, ihr Penner!« brüllt Zizimarie wie ein Kapo, und es wird tatsächlich ruhig in der Bude. Nur das Kofferradio von Suheli spielt leise. Stevie Wonder. Es paßt zu unserem Feeling. Nein, noch kein Sambao. Im Moment liegt Suheli verkatert wie eine schwache Fliege unter mir, aber sie bleibt trotzdem eine aufmerksame Geliebte. Sie macht es für mich schön. Sie will, daß ich zu meinem Höhepunkt komme. Ich lasse mir Zeit. Es sind so einige Dinge, die mich ablenken: Wie viele Männer waren wohl in diesem Bett? Es ist fast ein halbes Jahr her, seit unserer Trennung in Rio. Jetzt ist Suheli jede Nacht in der Bar, bei ihrem Temperament könnte man es gar nicht verübeln, wenn sie's mit Männern treiben würde. Alle tun's in diesem Metier, die Striptease-Tänzerin von nebenan und sicher auch die Transvestiten.

»Wer wohnt sonst noch hier?« frage ich neugierig.

»Noch zwei Tänzerinnen und insgesamt vier Transvestiten. Die verdienen mit ihrer Show im Lokal einen Haufen Geld.«

Schau mal an, in so einem bespuckten Nest! Worauf so die Bergbauern stehen: »Zwei Transvestiten sind völlig umoperiert, die anderen zwei sind noch Männer, haben aber tolle Busen. Sie spritzen sich Hormone«, berichtet Suheli.

Irgendwie wirkt es jetzt auch bei mir – diese verkommene Absteige, dieses verkappte Hurenhaus. Da rast man ahnungslos vorbei an diesem Korb voller Nachtlemuren, und was tut sich da drin? Wie Orpheus in der Unterwelt – so komme ich mir vor.

Sonnenstrahlen schleichen sich durch den schmalen Vorhangschlitz und beleuchten Spot-artig die hingeworfenen Stiefeletten auf dem dreckigen Teppich, daneben verstreut: Schwarze Netzstrümpfe, ein schwarzer Slip mit rotem bauschigem Pompon im Schritt, ein goldener Gürtel. In der Ecke klafft der Koffer auf, quillt von hineingeschmissenen Kleidern über. Chaos tobt rundum, und ich schließe Suheli noch fester in meine Arme, drücke sie an mich wie ein Catcher im Schwitzkasten.

»Scheiße«, schimpft der Transvestit von nebenan schon wieder: »Du hast mein Korsett an, Roland.«

Das weckt die ordinäre Stripperin wieder: »Jetzt reicht's

mir«, poltert sie: »Ich komme rüber und schneide euch Suppenhühnern den Rest ab.«

»Halt's Maul, Alte!« dröhnt ein neuer, noch vulgärerer Ruf durch die Wände.

»Gleich gibt's draußen eine Schlägerei«, flüstert Suheli. Es törnt mich an, am liebsten würde ich mitschreien, jetzt gleich, aber Suheli saugt mich langsam aus. Ich habe plötzlich keine Kraft mehr, sinke matt in die Matratzen.

Suheli streichelt mich sanft. Der Krach draußen ist vorbei, ich starre regungslos an die Decke: Rotweinflecken. Es muß hier wild zugehen. Und dann erklingt im Radio: »Still I'm loving You«.

Suheli dreht etwas lauter auf. Das war der Superhit vom ›Scorpions‹-Festival-Rock in Rio. Die Hymne aller Verliebten. Ich schließe die Augen und höre Meeresrauschen. Copacabana? Nein, viel weiter draußen, an den Stränden von Sao Conrado. Die Surfer. Meine Gedanken fliegen dahin. Ich schwebe und sehe bunte Drachen um mich kreisen. Brasilianische Magie hat sich meiner bemächtigt. Ich nehme nicht mehr den säuerlichen Gestank wahr, der aus den Mülltonnen im Hof hochsteigt, sondern es weht der Duft von Zimt und Nelken um meine Nase.

Wie lange habe ich geschlafen? Es ist halb fünf Uhr nachmittags. Ich bin aufgewacht, weil Suheli Spiegeleier brutzelt. Gleich wird sie mich damit füttern. Ein Happen für mich, ein Happen für sie. Was man teilt, schmeckt besser. Die meisten Brasilianerinnen essen gern so mit ihrem Marido – dem Freund oder Mann. Und sie erzählen dabei.

Suheli wirkt glücklich. Sie freut sich wirklich, mich wiederzusehen: »Weißt du, das Schlimmste ist, daß hier niemand portugiesisch spricht.«

Das macht eine Brasilianerin richtig krank. Wie den Vogel im Käfig, der nicht singen kann. Da hängen ihm die Flügel. Suheli zwitschert ihren Kummer heraus: »Keine Show, was ich hier mache, kein Carneval in Rio. Die Truppe wurde gleich bei der Ankunft in Zürich aufgelöst. Jede Tänzerin in ein anderes Lokal gesteckt, weit im ganzen Land über alle

Kantone zerstreut. Die meisten von uns sind im Tessin. Die Italiener dort sind ganz verrückt nach Brasilianerinnen.«

»Was machst du eigentlich genau?« frage ich vorsichtig.

»Was denn? Tanzen, Striptease und Animieren. Ich bekomme neben der Gage eine Provision vom Champagnerumsatz. Also saufe ich mit, bin jede Nacht voll. Wenn ich mich morgens ins Bett lege, muß ich kotzen. Ich bin ganz kaputt.«

»Verdienst du dabei wenigstens gut?«

Suheli entflammt vor Wut. »Geld, Geld, alles Scheiße. Wo sind hier Strände? Wo ist hier Stimmung? Wo sind die fröhlichen Leute? Nichts ist da. Du kannst nicht mal vor die Haustür, weil es draußen ständig kalt ist. Ich verstehe gar nicht, warum die Leute freiwillig in der Schweiz leben.«

»Es sind eben Schweizer«, will ich Suheli beruhigen. Aber sie sprudelt weiter.

»Schöne Schweizer, wenn sie nicht mal portugiesisch können.«

Ich muß lachen: »Und was können sie denn?«

»Nichts, nichts. Das ist es eben. Nicht einmal einen Fisch können sie zubereiten. Sie zerkochen ihn so blöd, daß er nicht mehr nach Fisch schmeckt.«

Ich richte mich im Bett auf, um Suheli besser zu sehen. Sie ist richtig aufregend, wenn sie zornig ist. Inzwischen hat sie ein schwarzes Negligé angezogen, das ich ihr in Rio geschenkt habe. Doch die schwarze Spitze fällt welk zusammen. Suheli hat kaum noch Busen. Kann mir gar nicht vorstellen, was die Männer an ihr noch sexy finden. Hätte ich sie so kennengelernt, hätte ich mich wahrscheinlich niemals in sie verliebt. Kaum zu fassen, daß sie mal in der ›Oba Oba‹-Show tanzte.

Suheli zürnt weiter: »Es gibt in der Schweiz Restaurants, wo der Kellner mit dem Essen gleich die Rechnung bringt. Wenn du zwei Portionen Kartoffeln ißt, mußt du zwei Portionen bezahlen, für Salat auch noch extra. Du kommst gar nicht zum essen, du mußt ständig nur Geld hinblättern.«

Also das versteht Suheli nun wirklich nicht. Und ich bekomme plötzlich auch Sehnsucht: Nach einer so herrlichen

Churrascaria in Rio. Hmmm, läuft mir das Wasser im Munde zusammen. Diese Fleischberge, von triefend saftigen Spießen heruntergesäbelt, ein Stück, zack, ein noch größeres. Vorher gegrillte Würstchen, zwischendurch Hähnchen, Lamm und Ochsenrippe vom Allerfeinsten.

Die Kellner laufen sich die Füße platt. Der eine bringt Honigkartoffeln, der andere Palmenherzen, Tomaten, Gurken, Paprika. Der Tisch biegt sich unter der Last. Ein Schlaraffenland. Zum Nachtisch gibt es dann gebackene Bananen mit karamelisiertem Zimtzucker, Ananas und frische Früchte. Und was kostet's zum Schluß?

Man zahlt einen Pauschalpreis und keiner fragt: »Wieviel Brote haben Sie gehabt? Und war Suppe dabei und wieviel Portionen vom Lendenfilet haben Sie gegessen? Hauptsache in Rio, es hat geschmeckt und man ist satt geworden.

Insofern hat Suheli recht. Zur Hölle mit der Schweiz. Nur Schoki und Käse, Sandoz, Ciba-Geigy und Gift und Gnomen von Zürich. Und ich habe jetzt Hunger. Kohldampf auf Fleisch. Gegrillt, gebraten, geschmort.

»Gehen wir zum Essen? Ich lade dich ein«, springe ich aus dem Bett. Doch Suheli ist kein bißchen begeistert: »Wohin willst du? Ins Restaurant?« Sie schüttelt den Kopf: »Ich glaube, du hast noch nie in einem Schweizer Restaurant gegessen, sonst würdest du kaum hingehen wollen.«

Das Lokal, in dem Suheli arbeitet, befindet sich außerhalb des Ortes im Gewerbegebiet zwischen Großtankstellen, Werks- und Lagerhallen. In der Mitte leuchtet es rot: ›Cabaret Sphinx.‹ Die Nachtschicht beginnt um 22 Uhr.

Suheli hat sich hergerichtet und sieht wieder super aus. Sexy wiegt sie sich in den Hüften, trägt immer noch die Netzstrumpfhose mit Spinnenmuster und Naht, die ich ihr in Rio schenkte. Offenbar beste Qualität, wenn sie soviel Strapazen aushält.

Es ist draußen ›muito frio‹ – sehr kalt. Suheli zieht unter die Netzstrümpfe noch eine zweite, naturfarbene Strumpfhose an und einen schwarzen Tüllrock. Der verheddert sich zwischen ihren Beinen, und damit sich unter dem goldenen

Pulli Busenkurven abzeichnen, stopft sich Suheli reichlich Watte in den BH.

Nur die Taille ist echt, umfaßt von einem goldenen Gürtel. Damit sie wirklich nach einer Palmera aussieht, setzt sich Suheli eine Perücke mit wilder Mähne auf. Den Mund blutrot geschminkt, tiefblau die Augenlider hält sie, was der Ruf einer Samba-Tänzerin verspricht: Eine Exotin – für diese Bauernburschen von Martigny sicherlich eine Karneval-Königin. Die Welt will eben getäuscht sein, das beherrscht Suheli bestens.

Noch am Nachmittag ein Häufchen Elend, tigert sie nun zum Bühneneingang. Ich habe sie aus dem Hotel hergefahren, sie steigt aus dem Auto, nimmt ihre Plastik-Tüte mit den Samba-Federn und Glitzer-Kostümen mit, dreht sich auf ihren goldenen Absätzen um: »Du schaust dir doch meinen Auftritt an?« ruft sie mir noch zu.

»Bestimmt.« Zugegeben bin ich auf ihre Show neugierig. Der Himmel ist düster, die Luft klebrig feucht. Auch die übrigen Tänzerinnen schwirren jetzt zum Dienst heran. Eine Blondine in schwarzem Leder wird mit einem weißen US-Sportflitzer hergefahren. Bei ihrem Freund entfällt das Beruferaten. Die Goldkettchen und eine dicke Rolex weisen deutlich seinen Zuhälter-Status aus.

Es braust ein verbeulter roter Opel-Kadett vorbei. In einem aufgemotzten tiefergelegten Mercedes 500 kommen die Chefs, vier aufgedonnerte Miezen auf dem Rücksitz. Barschlampen, was denn sonst. Kreischend verschwinden sie hinter der Stahltür. Und durch die Nacht bohren sich die Scheinwerfer der heranrollenden Autos der Gäste.

Ich bleibe noch eine Weile auf dem Parkplatz, der sich allmählich füllt. Wagen nicht nur aus der Umgebung. Selbst aus Italien und Frankreich kommen die merkwürdigsten Typen. Das ›Cabaret Sphinx‹ scheint wie ein Sündenbabel anzulocken.

Okay. Ich mische mich ebenfalls unter das Volk. Pickelige Bauernlümmel, Kartoffelschädel, Rübengesichter mit Schweinsohren. Es riecht penetrant nach Schweiß und Kuhstall. Der Türsteher aber mustert mich skeptisch. Ich bin ihm zu fein, er zögert, mich reinzulassen. Mich widert dieses Sprachgewirr an: Das nasal-gurgelnde Französisch, an dem die Kanaken wie an einem Fleischkloß würgen.

Die meisten Besucher strömen in die Disco. Es lärmt drinnen wie in einem Faß, Bananarama, Rod Stewart, Tina Turner. Die Hitparade ist überall gleich. Da lockt der Nightclub daneben mehr. Durch die gepolsterte Tür pulsiert Samba-Sound, die Trillerpfeife und Trommelfeuer rufen. Ich erkenne sofort die Melodie – Beija-Flor, der Name bedeutet Kolibri, eine Samba-Schule in Rio. Es sind organisierte Carnevalsvereine, die jeweils ihre eigenen Farben, Kostüme und Musik haben. Suheli gehört zur Beija-Flor. Was ich höre, ist untrüglich der Beginn ihrer Show. Ich trete durch die Tür ein.

Suheli tanzt bereits auf dem beleuchteten Parkett. In goldenen Stiefeln, goldenem Fransenröckchen und goldener Schildmütze rotiert sie mit dem Popo. Bravo. Das ist Samba vom Zuckerhut, und den Bergburschen vom St. Gotthard fallen fast die Augen raus. Denn schwindelnd schnell dreht sich Suheli, legt erst ihre goldene Mütze ab, schlüpft lasziv aus dem Röckchen, zum Schluß läßt sie ihren Schlüpfer fallen.

Striptease mit Samba-Schmiß. Die Stimmung dampft, der Schampus spritzt. In der nächsten Nummer zeigt ein Transvestit seinen Busen, richtige Hörner. Die Operation ist aber nicht ganz gelungen, denn die eingenähten Plastikschalen rutschen komisch wie Untertassen hin und her.

Doch die Bauern geraten ganz aus dem Häuschen. Und ich spüre eine kleine Hand. Suheli. Sie flattert an mir vorbei und flüstert: »Ich muß rüber, ein Gast hat für mich Champagner bestellt.«

Ich bleibe in der Ecke hocken. Gast ist gut. Ein Holzhakker ist es, von der ganz groben Sorte. Der betätschelt gleich Suheli, und sein Freund, so ein Metzger von gut 130 Kilo Lebendgewicht, legt ebenfalls seine Pranke an.

Der Ochse prostet Suheli zu. Sie lacht ihn an, ganz profihaft. Der verschleierte Blick und ein leichter Schlenker aus der Hüfte: Prost! Das Animieren läuft nach festem Ritual ab.

Alle Bardamen machen's auf die gleiche Art. Mich quatscht von hinten eine tiefe Stimme an.

Ich drehe mich um: Ein blonder Vamp von einem Transvestiten macht mich an. Das herbe Gesicht unter mehreren Puderschichten kaschiert, zentimeterlange Wimpern, das Rouge auf den Lippen dick draufgeschmiert wie Marmelade auf Brot. Und diese Tunte greift direkt zwischen meine Beine. »Trinken wir einen Piccolo?«

Am liebsten würde ich ihm gegen das Schienbein treten, aber seine Fingernägel sind gefährlich. Damit zerkratzt er mir in Null-Komma-Nichts das Gesicht. Diese Transis tikken ohnehin nicht richtig und sind völlig unberechenbar. Also räume ich lieber wortlos den Platz. Er röchelt nochmals was von einem Piccolo. Ich habe keinen Bock hierzubleiben. Nicht einmal, um mir den zweiten Teil von Suhelis Samba-Show anzuschauen. Ich will mir meine Illusionen nicht völlig vernichten.

Ich will Suheli aus der Oba Oba-Glanzzeit in Erinnerung behalten und diesen miesen Schuppen aus meinem Gedächtnis verdrängen. Obwohl es mich irgendwie doch reizt herauszufinden: Ist Suheli nun eine Nutte geworden oder nicht? Bleibt's nur beim Champagner oder schläft sie mit den Kuhmelkern hier?

Ich meine, wenn schon einer für diesen pappigen Schaumwein 400 Schweizer Fränkli hinlegt, dann gibt er sicherlich für eine Brasilianerin mindestens das gleiche aus. Und welche würde da schon Nein sagen. Suheli vielleicht?

Ich drehe mich um. Soll ich bleiben? Ich sehe Suheli. Sie schäkert ausgelassen mit dem Champagnerglas in der Hand. Und hockt schon dem Metzger auf dem Schoß. Mir reicht's.

Die Luft draußen sticht inzwischen eisig in meine Nasenflügel. Das ernüchtert. In meinem Kopf klären sich die Dinge: Es besteht überhaupt kein Grund für Suheli, es nicht zu tun. Für sie ist das hier ja kein Urlaub, sondern Knochenarbeit mit der vagen Hoffnung, mit viel Geld nach Rio zurückzukehren, die Tochter in eine ordentliche Schule zu schicken und ein neues Leben anzufangen. Wie lange kann sie überhaupt noch tanzen? Drüben in Rio wahrscheinlich überhaupt nicht mehr.

Ich beschließe, ins Hotel zurückzufahren. Vielleicht kann ich etwas schlafen.

Morgens um vier Uhr hole ich Suheli ab. Gegen Mittag wollen wir abreisen. Was für ein Zufall: Ich bin ausgerechnet am letzten Tag des Monats gekommen. Suhelis Vertrag mit dem ›Cabaret Sphinx‹ in Martigny endet gerade. Sie wechselt jeden Monat in ein anderes Lokal.

Morgen, am Ersten, fängt sie im ›Cabaret Antigo‹ in Castiglione an. Das ist unten im Tessin, direkt an der italienischen Grenze. Lago di Magiore, Mailand. Dort scheint mehr Sonne. Dort wird es sicherlich auch für Suheli schöner sein. Ich will sie hinbringen. Und irgendwie fühle ich mich glücklich. Wir werden bestimmt eine fantastische Fahrt erleben. Es wird auch mit dem Wetter klappen. Das sagt mir eine innere Stimme.

11

Alles ist eingepackt: Suheli und ich knien auf dem Kofferdeckel und versuchen das Schloß einzuklinken. Den zweiten kleineren Lederkoffer schnüren wir mit einem Hosengürtel fest. Der Reißverschluß der großen Reisetasche ist kaputt, und die zwei anderen Taschen bleiben auch offen. Drei Einkaufstüten quellen über, und wohin mit den zwei vollgestopften Pappkartons?

»Alles mitnehmen!«

Suheli zieht tatsächlich mit dem ganzen Zigeunerlager weiter. Eins, zwei, drei, vier... zehn Stück Gepäck. Und sie stellt sich das ganz einfach vor. Mit dem Taxi zum Bahnhof, vom Zug in den Bus. Die Orte, wo sie überall umsteigen soll, hat man ihr auf einen Zettel aufgeschrieben, aber den hat sie irgendwo in ihrem Gepäck verschustert.

Unbekümmert läßt sie den ganzen Haufen stehen, schultert ihre Handtasche und greift zu einer vollen Pulle Schampus: »Die müssen wir auch mitnehmen. Aufmachen werde ich sie aber erst in Rio.«

Bis dahin kugelt der Schampus durch halb Europa. Und der Fön, die Lockenwickler und der Toaster, die Kaffeemaschine und das Bügeleisen auch. Aus dem Kühlschrank hat Suheli sogar die Reste von Butter und Marmelade ausgeräumt, zwei Joghurts und eine Nachspeise von ›Danone‹ mitgenommen.

So reist ein Samba-Star durch die Schweiz, im Vertrauen auf Gott. Und bekanntlich ist Gott Brasilianer, der immer einen Schutzengel schickt, damit der Umzug klappt. Also greife ich zu, schleppe das Zeug in den Hof, belade den Leihwagen bis zum Dach. Beinahe paßt nicht alles in den kleinen Ford Fiesta rein. Die Sitze vorgeschoben, hilft uns ein zufällig vorbeieilender Transvestit die Heckklappe zuzudrücken. Sein Make-up von der Nacht ist verschmiert und die Perücke hat ihm jemand geklaut. »Scheiße«, fluchen wir gemeinsam.

Suhelis Abschied ist kurz und schmerzlos. Um 11 Uhr vormittags, da schlafen sie noch alle, nur ich mahne zur Abreise, weil gut 300 Kilometer vor uns liegen. Eine Stripteasetänzerin aus Paris winkt aus dem Fenster, der schmuddelige Spüler grinst von den Mülltonnen und spreizt frech seinen Daumen nach oben. Hat Suheli etwa mit ihm geschlafen?

Und wenn schon. Alles Dinge, die das Leben so mit sich bringt, besonders, wenn eine Brasilianerin nach Europa verschlagen wird. Es muß für sie das Gleiche sein wie damals für die alten Phönizier, die 2000 Jahre vor Christus bis in den Amazonas segelten.

Voilà. Endlich kurven wir aus dem Hinterhof des Hotels ›Grand-Quai‹ heraus. Adieu. Auf Nimmerwiedersehen. Eine Nacht hat völlig gereicht. Irgendwie ist Suheli unheimlich tapfer, daß sie diese Odyssee erträgt. Jeden Monat in einem anderen Nachtclub, sich in letzten Absteigen einquartieren, auf Zufallsbekanntschaften warten – und trotzdem gerät sie nicht unter die Räder. Kein Kokain, kein Suff, keine sexuelle Hörigkeit zu irgendwelchen finsteren Figuren, kein Zuhälter, nicht mal eine lesbische Freundin. Nein, Suheli bleibt das verspielte Wesen, das ich aus Rio kenne. Jetzt ist sie sogar wieder fröhlich. Ein Naturmensch eben, der spürt, was für ihn gut ist, bei dem die Instinkte noch richtig funktionieren und ihn auch vor falschen Schritten schützen.

Ihr einfaches Denken erspart ihr jede Menge Probleme. In der Liebe ist sie nicht unbedingt auf einen bestimmten Menschen fixiert. Und wenn sie hin und wieder dem ›grande amore‹ begegnet, hält sie's allenfalls bis zum nächsten Morgen durch. Im Moment bin ich da, also gibt es wieder ›grande amore‹. So einfach ist das. Man macht sich keine Hoffnungen und erspart sich die Enttäuschungen.

Die Sonne strahlt, der Himmel ist blau. Mir scheint, es

liegt eine traumhafte Fahrt vor uns. Die Landstraße windet sich durch die Walliser Alpen, am Rhone-Tal entlang. Ein vorzügliches Weingebiet. Sowohl für rote als auch weiße Trauben.

Von Martigny bis nach Sion verschleiert noch dichter Bodennebel den Weg, hoch bis zu den Baumkronen. Es ist Sonntag, der 30. November, und ein wohliger Glückszustand breitet sich in mir aus. Alles klappt wie bei einer Poker-Partie. Ich habe Royal Flush erwischt, habe Suheli gefunden. Und sie liebt mich, ich liebe sie, wir lieben uns beide. Sogar die schwarzen Netzstrümpfe und das Spitzen-Negligé hat sie aufbewahrt, die ich ihr in Rio schenkte, und es macht ihr Spaß, sie anzuziehen und damit alle Männer verrückt zu machen. Vielleicht denkt sie an mich, wenn sie in den Armen von anderen liegt.

Mein Gott, bin ich ein Glückspilz – und sogar für den Leihwagen bekam ich den günstigen Wochenendtarif: Pauschale von Freitag abend bis Montag früh 9 Uhr mit unbegrenzten Kilometern. Die werden sich wundern, wenn der Wagen wieder zurückkommt. Es werden leicht 1000 Kilometer drauf sein, in 48 Stunden angesammelt.

Sion ist im November ein verschlafener Luftkurort, den wir schnell hinter uns lassen. Ich gebe Gas, um noch vor Einbruch der Dunkelheit unser Ziel zu erreichen. Inzwischen haben wir auch die Nebelzonen durchquert und klettern eine kurvenreiche Bergstraße hoch. Vor uns öffnet sich eine herrliche Landschaft. Sonnenüberflutete Weinhänge, Rebstöcke mit der Spätlese für den süßen Eiswein und über allem, ganz oben auf den Hügeln, türmen sich alte Burgen. So malerisch, daß ich am liebsten anhalten und im nächsten Gasthof einkehren möchte, mit Suheli einige Krüge Wein leeren und selig ins nächste Himmelbett sinken möchte.

Ein Land aus Gottes Hand – und die Straße führt immer höher, schon glaubt man das Himmelblau anfassen zu können, wie eine Zimmerdecke. Suheli schwärmt ebenfalls: »Que bonito, que lindo.«

Und überschwenglich nach brasilianischer Art bricht sie in Euphorie aus: »Lindo, lindo, lindissimo.«

»Schön, schön, wunderschön.«

Oh, ich liebe diese simple Begeisterung, wo man nicht mit vielen Worten, sondern durch deren Aussprache, Tonfärbung und Intensität die Begeisterung ausdrückt. Es ist Musik für meine Ohren – und so reden wir wie zwei Kinder im Paradies: »Schau, wie schön.«

»O ja, wunderbar.«

»Und da, guck mal, fantastisch.«

»Siiim, fantastico.«

Schloß Gestelnburg, Kloster Ernenwald, Ortschaft Betteralp – sie könnten auch im Himalaja stehen. Die Häuser haben unverputzte, nur aus groben Steinen gebaute Wände, verwitterte Holzdächer auf schweren Quadern, gegen Sturm und Lawinen gesichert. Und spitze Glockentürmchen, um bei Gefahr Hilfe rufen zu können. Die einzigen weißen Bauten sind die Dorfkirchen, die in dieser fast stratosphärischen UV-Strahlung göttliche Nähe vermitteln. Wer hier betet, hat den Lieben Herrgott direkt an der Strippe. Und die Kirchen stehen hier wie Telefonzellen. Ruf mal an!

Überwältigt von der Natur, der dünnen Luft und dem Champagner der letzten Nacht nickt Suheli im Beifahrersitz ein. Die Straße verengt sich auf eine Spur mit Ausweichstellen für den Gegenverkehr. Ich denke an den Amazonas, an den Dschungel und die Lagunenseen, während ich einem Postbus ausweiche – und finde nun die Alpenregion viel beeindruckender. Man muß wohl erst auf das Dach der Welt klettern, um zu erkennen, wo wahre Schönheit liegt. Das Eggishorn hinter uns ist 2927 Meter hoch, das Wannenhorn 3906 Meter, und gar das Finsteraarhorn vor uns 4274 Meter. Ein Vergleich mit Tibet ist insofern angebracht – und ich hätte mir nie träumen lassen, daß ich einmal ausgerechnet mit einer brasilianischen Samba-Tänzerin durch diese Bergwelt fahre.

Mit einer Mulatta vom anderen Kontinent. Das elektrisiert mich am ganzen Körper und läßt in mir die Begierde hochsteigen: Ich will Suheli zwischen den Gipfeln lieben und sie hier zum Höhepunkt bringen. Ich will das Echo ihres ›Gustoso‹ in der Schweizer Bergwelt hören. Ob das nicht schöner klingt als das Krummhorn des alpenländischen Heimatvereins?

Suheli wacht auf und blinzelt in die blendende Landschaft. Sie staunt – wie noch nie in ihrem Leben: »Ist das Schnee?«

»Ja, das ist Schnee.« Die Täler und Hügel um uns sind weiß bedeckt, auf dem schwarzen Asphalt-Pfad markieren weiße Schneekuppen einen Mittelstreifen.

Suhelis Faszination findet den wortmalerischen Ausdruck: »Branco, branco, brancinho...«

»Weiß, weiß...« und die Steigerung ist nicht mehr zu übersetzen: Das Kosewort von Weiß: etwa Weißchen? Klingt doof wie Hänschen. Brancinho bedeutet ein Superlativ von super-edel-zart-weiß. Schon klar, warum ich dieses brasilianische Portugiesisch so genieße. Besonders in eindeutigen Situationen...

Der Furkapaß in 2431 Meter Höhe ist bereits gesperrt. Wir setzen die Reise auf Schienen fort. Auf einem idyllisch gelegenen Rangierbahnhof fährt man mit dem Wagen auf einen Autozug. Der nächste geht schon in zehn Minuten, Punkt 14 Uhr. Es klappt alles wie am Schnürchen. Ich hole aus dem Kiosk noch zwei Wurstsemmeln, ein Fruchtjoghurt und Cola als Reiseproviant. In ein paar Minuten schaukeln wir schon per Bahn in den ersten Tunnel.

Auch das hat Suheli noch nie erlebt: im Auto zu sitzen und gemütlich ratternd dahinzugleiten. Sie dreht sich wie eine Katze auf ihrem Sitz, legt sich rücklings quer und schieb ihren Kopf in meinen Schoß. Ich beginne sie zu streicheln, erst über ihren flauschigen Pulli, dann fingere ich mich vorsichtig drunter und stoße auf ihren Nabel. Sie ist nackt. Suheli hat unter ihrem Pulli nichts an. Ich gleite über ihre samtige Haut zu ihrem Busen. Klein und knabenhaft ist er, ich koste dieses behutsame Anfassen aus, drücke vorsichtig ihre Brustwarzen, zart wie es nur die Finger eines Pianisten können, der ein leises Nocturno von Chopin spielt.

Der Hof um Suhelis Brustwarzen fühlt sich wie das edle Elfenbein der weißen Klaviertasten an. Eines sehr teuren Klaviers natürlich, eines Steinways. Und obwohl – oder weil – ich sie nur pianissimo berühre, wacht ihre linke Brustwarze unter meiner rechten Hand auf. Aus dem verhaltenen Nocturno wird eine Revolutionsetüde. Immer noch Chopin, aber jetzt volle Pulle.

»Fester, fester, drücke mich, tu mir weh, kratz mich«, stöhnt Suheli. Ihr Blut kommt in Wallung und die Leidenschaft lodert hoch. Ein Feuer, das den verkaterten Zustand niederfackelt, das die Entzugserscheinungen nach einer langen champagnerisierten Lotternacht stillen will. Der Körper verlangt nach neuer Droge. Nach Sex. Damit er sich durch die Berührung mit einem anderen Körper wieder auflädt, wie eine leere Batterie.

Schnell knöpft Suheli mir die Hose auf. Ich drücke ihre Brüste mit beiden Händen. Wir rutschen halb liegend auf die Sitze runter.

»Forte, forte, mais forte«, begehrt mich Suheli: Stark, stärker, noch stärker.

»Fortissimo«, befiehlt sie laut.

Es wird wieder heller und heller. Gemächlich rattert der Zug aus dem Tunnel. Es stört uns nicht, obwohl vor uns und hinter uns jeweils vollbesetzte Autos stehen. Der Fahrer aus dem hinteren Mercedes blinkt uns wild mit Fernlicht an.

»Der kann uns mal«, denke ich, lehne mich noch weiter zurück und drücke Suheli an mich. Sie grabscht in meinen Hosenschlitz, und bald stehe ich mit der Natur im Vollkontakt. Wo kommen eigentlich die weißen Birken her? Sie stehen pitoresk in diesem Tal gruppiert. Hallo Finnland! Neben dem Gleis blubbert ein Gletscherbach, und nun sieht man in der scharfen Kurve vorne die Lokomotive.

Und bevor wir in den nächsten Tunnel hineinflutschen, streift Suheli schon ihre Lederhose runter. Nur das linke Hosenbein. Es reicht. Suheli ist schließlich eine Samba-Tänzerin und weiß, wie man sich zwischen Lenkrad und Schalthebel bewegen kann.

Wir vereinigen uns im Schlund des Tunnels, und es törnt uns nur an, daß der Hintermann mit der Lichthupe uns zu stören versucht. Oder will er uns vielleicht noch mehr in Rage bringen? Jetzt drückt er auf seine Mercedes-Hupe, es hallt dutzendfach zurück, wie im Tunnel von Santa Barbara in Rio. Wir fühlen uns auch ganz in unserem Element, das Hupkonzert verfrachtet uns in Gedanken tatsächlich nach Rio. Suheli sprudelt in ihrem erotischen Wortschatz: »Tesao« – du Geiler!

»Gato selvagem« – du wilder Kater!

Herrlich. Mitten in den Schweizer Alpen ein Samba der Superlative. Kurz und heftig stößt Suheli zu und fiebert heiß in mein Ohr: »Gib! Gib alles... Gato... du Kater... ein lausiger, streunender Kater bist du... du treibst es mit allen Katzen in der Gasse... mein Katerchen, ich behalte dich für mich... nur für mich...«

Ein wildes Märchen, ein neues Tierleben, das ich noch nicht kannte. Und wir verlassen den langen Tunnel. Suheli zeigt dem Hintermann den Vogel, dann, um ihn noch mehr aus dem Häuschen zu bringen, küßt sie mich wie eine Kobra mit vorgestreckter Zunge.

Der nächste Tunnel rein und raus, und wieder ein neuer kurzer Tunnel. Wie viele gibt es auf dieser Strecke überhaupt? Ich habe nicht mitgezählt, aber es geht weiter rein und raus bis noch ein letzter kommt, ein kurzer, die Lock pfeift, der Zug fährt in die Zielstation – und ich auch, Suheli umschließt mich ganz fest, dann kuppeln wir aus, lösen uns aus der Umarmung. Gut 20 Minuten dauerte die Tunnel-Himmel-Erde-Fahrt. Mir ist es immer noch schwarz vor den Augen, aber ich muß starten, Gas geben und gleich die ganze Kolonne vor uns überholen. Nur einer bleibt hinter uns kleben, der Mercedes, aber nur bis zur ersten Kreuzung vor Andermatt: Links führt die Autobahn nach Zürich, rechts nach Lugano. Wir biegen nach rechts ab. Ein langer Hupton lärmt uns nach. Der Mercedes-Mann kurbelt sogar das Fenster runter und schreit hinter uns her.

»Ach, nur kein Neid, mein Freund«, winke ich ohne mich umzudrehen und gebe Gas. 90 Kilometer nach Bellinzona.

Es muß in einer knappen Stunde zu schaffen sein. Jetzt ist es erst dreiviertel Drei. Wir liegen ausgezeichnet im Rennen. Platz für die Sieger.

Elegant geschwungen verläuft die hochalpine Autobahn über dem Tal. Noch ein Dreitausender von Alto Torrento links, und am Südhang ändert sich gleich die Luft. Bella Italia beißt sich in den mandelbitteren Schweizer Käse saftig hinein: die Ecke heißt Tessin. Man sieht auch mehr Fiats und Alfa Romeos mit Kennzeichen TI für Ticino, die sich grundsätzlich nicht an eidgenössisches Tempo 130 halten.

Circa zehn Kilometer vor der Industriestadt Bellinzona verlassen wir die Autobahn, und ohne zu suchen stoßen wir auf der Landstraße auf unsere Adresse: ›Cabaret Antico.‹ Ein vergammeltes Haus mit struppigem Vorgarten an einer stark frequentierten Kreuzung. Nachts leuchtet es mit roten Lichtern, tagsüber bleibt's unscheinbar.

Vor einer offenen Tür parkt ein schwarzer Turbo-Porsche und ein rostiger Fiat Mirafiori. Es wird gelüftet, denn die Tür ist offen. Wir betreten einen dunklen Raum. Es lassen sich einige plüschige Ecken erkennen, ein vergoldetes Schlagzeug steht auf der Bühne und über der Bar hängt ein roter Baldachin. Es muffelt stark.

Auf einem der hohen Barstühle hockt eine rundliche Signora. »Bon giorno«, grüße ich laut.

Suheli stimmt ein: Es klingt ähnlich wie das portugiesische ›bom dia‹. An das französische ›Bon jour‹ konnte sie sich nicht gewöhnen.

»Bon giorno«, grüßt die Signora zurück. Und sie weiß auch über Suheli schon Bescheid: »Sie sind die Brasiliera?«

»Sim« – ja.

»Und Sie ihr Freund?« fragt sie mich.

»Ja!«

»Leben Sie zusammen?«

»Nein, ich habe meine Freundin nur hergebracht und fahre heute abend wieder weg.«

»Sehr gut. Wie heißt Ihre Freundin?«

»Suheli, mit Künstlernamen Palmera.«

»Ah, Palmera, das ist sehr schön, kommt sicher gut an.«

Suheli lächelt. Sie kennt den Nachtbetrieb schon. Ein Blick und sie weiß, was hier läuft. Sie entdeckt auch gleich die Separées: Zwei mit Vorhang abgetrennte Nischen. Daneben eine verspiegelte Tür. Und die gefällt ihr nicht.

»Ich tanze nur. Ich habe einen Solo-Vertrag.« Und Suheli deutet auf die Tür: »Das hier mache ich nicht!«

»No, no«, beruhigt die Signora. »Die Agentur hat Ihre Papiere runtergeschickt: Sie treten dreimal pro Abend auf. Jeweils zehn Minuten mit Samba und einmal Striptease.«

Suheli nickt. Die Signora fährt fort: »Haben Sie Ihre Musik auf Tonband mitgebracht? Wir können gleich eine Probe machen, um fünf Uhr kommt unser Beleuchter. Sie fangen doch heute Abend gleich an. Das steht in Ihrem Vertrag.«

»Sklaventreiber«, denke ich mir. Schon drei Monate auf Tournee und kein einziger freier Tag. Nicht mal für die Reise. Habe also wirklich eine gute Tat vollbracht, Suheli von Martigny nach Castiglione runterzubringen. Außerdem war es eine einmalige Fahrt. Mit die schönste meines Lebens. Die Alpenlandschaft, die Orte, der Autozug und das Grande concerto d'amour. Vivat Chopin!

Aber was ist nun los? Suheli wird nervös. »Ich, ich, ich...« stottert sie, »ich habe mein Tonband in der ›Sphinx‹-Bar vergessen. Was mache ich jetzt bloß?«

Einer von den Schutzengeln hat also doch versagt. Aber die Signora nimmt es nicht tragisch: »No problema, Mademoiselle Palmera. Außerdem sind Sie laut Ihrem Vertrag auch verpflichtet, zu animieren. Prima. Damit können Sie gleich anfangen.«

Die Signora rutscht von ihrem Hocker, dabei enthüllt sich unter ihrem groben Schotten-Rock ein feines Unterkleid aus schwarzer Spitze. Es paßt überhaupt nicht zu ihren klobigen, frostverbeulten Händen und schon gar nicht zu ihrem Bauerngesicht. Aber als Melkerin im Nachtgeschäft scheint sie der feinen Reizwäsche auf den Geschmack gekommen zu sein. Außerdem trägt sie eine wertvolle Cartier-Uhr am Handgelenk. Mit Brillanten besetzt. Das Geschäft muß hier also gut florieren.

Die Signora stupst Suheli vertraulich an: »Und ziehen Sie gleich Ihr Samba-Kostüm an. Mit Perlen und Mini-Slip, und die hohen Schuhe. Das haben Sie doch alles mit, oder?«

Zwei Stunden später bin ich auf der Rückfahrt. Ein langer, ein tränenreicher Abschied liegt hinter mir. Suheli... denke ich. Ein Samba-Mädchen, eine Mulatta? Eben Suheli. Die ich liebe, die mir am Herzen liegt.

Am Herzen liegt mir ein Versprechen, das ich ihr gegeben habe...

Ein halbes Jahr später löse ich es ein. Mein Reportage-Auftrag, über die wildesten Nachtlokale Brasiliens zu berichten, ist perfekt. Und auch Mike hat funktioniert. Mit Hilfe seiner Beziehungen ist es gelungen. Seit einer Woche arbeitet Suheli wieder im Oba Oba – dessen Besitzer inzwischen gewechselt hat.

Als ich im ›Copacabana Palace‹ eintrudele, liegt schon eine Nachricht von Mike für mich an der Rezeption: »Amigo, sehe dich heute abend im Oba Oba. Es gibt zwei neue Tänzerinnen... Ciao.«

Ich hoffe nur, das es nicht ein alter Zettel vom letztenmal ist, den der Portier vergessen hat, mir zu übergeben...

Und dann fällt mir ein, daß mich noch vor der Vorstellung Suheli erwartet. Im Anexo. In unserem Apartment...